平成「一発屋」見聞録

宝泉薫
housen kaoru

言視舎

前口上

一発屋とは何か。平成30年に『徹子の部屋』に出た芸人のヒロシは、この質問をした黒柳徹子に、こう説明した。

「世間的にいうと、何かで1コ大きく売れて、そのあとだいたい1、2年でしぼんでいくという人を呼ぶんです」

一発屋の定義として、これほどシンプルかつ的確なものはないだろう。すなわち、ひと花咲かせたあと、あっけなく散る人たちのこと。そこには、喜びと哀しみ、かっこよさと恥ずかしさの劇的な落差がある。彼らはそれを短期間で味わい、世間に見せることによって人の世の真実を教えてくれるのだ。

さらにいえば、時代を象徴するのは大スターだけではない。SMAPや安室奈美恵から平成の全体像を感じることは可能だが、1年2年の単位だとその時期に生まれた一発屋を見たほうがわかりやすかったりもするのである。

また、本書は『歌謡界「一発屋」伝説』『芸能界「一発屋」外伝』『決定版「一発屋」大全』に続く一発屋シリーズの第4弾にあたる。ただ、そのあいだにダイジェスト版の『普及版これが「一発屋」だ!』（平成15年）があり、そこでこんな一文を書いた。

「一発屋とはもはや（略）それ自体がノスタルジーに包まれた存在なのかもしれない」

じつは当時、ブレイク時から一発屋を名乗る人まで現れ、その存在感があいまい化しつつあった。本来、一発屋とは目指すものでも、落ちぶれたときに備えて保険をかけておくものでもなかったのだが……。この風潮は一発屋の劇的な魅力を損ない、一発屋らしい一発屋の減少をもたらすのではと危惧させられたものだ。

しかし、平成も終わろうとする今、これは杞憂だったようである。毎年毎年、お笑い界には一発屋芸人が登場、ヒット曲不足にあえぐ歌謡界を救った一発屋シンガーもいるし、珍パフォーマンスで楽しませてくれた一発屋有名人もいる。たしかに、一発屋を売りにして生き残るような人も出てきたが、それはそれで味わい深かったりもするのだ。

そして、彼らは平成の面白さも教えてくれる。一発屋シリーズの過去3作は昭和が中心だったが、それ以降に現れた一発屋について見聞きしたことを記録し、平成の世を語り継ぎたい、というのが本書の動機だ。

昭和が永く熱い時代だったおかげで、とかく地味に思われがちな平成だが、一発屋たちの活躍を振り返れば、どうしてどうして、負けず劣らず面白い時代だった。それを存分に感じてもらえたら、幸いである。

平成三十一年睦月　　　　　　編者しるす

平成「一発屋」見聞録　目次

2章 忘れちゃいけない天国の日々 Ⅱ 元年〜14年

3章 一発屋のエトセトラ

4章 たかが数年前なのに……
23年〜30年

1章

平成の一発屋黄金期

15年〜22年

15年 はなわとテツトモが『紅白』出場、ダンディ坂野も応援に

16年 波田陽区、ヒロシがブレイク
河口恭吾の『桜』がヒットする

17年 レイザーラモンHG、まちゃまちゃ、コウメ太夫がブレイク
和泉元彌がプロレスに挑戦する

18年 長州小力がブレイク

19年 ビリー隊長が来日
にしおかすみこ、ムーディ勝山がブレイクする
ささやき女将の会見が話題に

20年 羞恥心がブレイク
小島よしおらが「一発屋2008」を結成する
エド・はるみがブレイク
大橋のぞみが『崖の上のポニョ』で人気者に

21年 天津木村、戦場カメラマンの渡部陽一がブレイク

22年 ねづっちがブレイク
植村花菜の『トイレの神様』が大ヒットする

オンバト芸人、紅白を席巻。エンタも始まり、ネタブーム到来
「なんでだろう〜」「残念！」「チクショー！」

平成15年春、テレビ史に残る異色バラエティが終了した。**猿岩石**ら一発屋も数多く輩出した『**電波少年**』シリーズだ。その4年前にレギュラー放送が終了した『**ボキャブラ天国**』シリーズとともに、**平成前期の一発屋シーンをリードした番組**である。

これと入れ替わるように始まったのが『**エンタの神様**』。ただし、当初はいわゆる「ネタ番組」ではなく、芸能全般を扱う内容だった。それゆえ、この年の一発屋シーンを支えたのは意外にもNHKだったりする。平成11年に始まった『**爆笑オンエアバトル**』から続々と人気芸人が出現して『紅白』にも大挙して出演したのだ。

✹『爆笑オンエアバトル』出身

まず、歌手として、**はなわとテツandトモ**。この3人は臨時ユニットを組み『佐賀県なんでだろう〜スペシャル合体バージョン〜』を披露した。そこに加わるべく、**ダンディ坂野**も『**ゲッツだぜ!!**』をリリースしたのだが、さほどはヒットせず、応援ゲストに甘んじた。

ダンディ以外にも、駆けつけたオンバト芸人は多数。そのなかには、一発屋的な人たちもいる。カンカラや号泣、パペットマペット、ユリオカ超特Qといったあたりだ。

このうち、**カンカラ**は欽ちゃん劇団の出身で、平成には珍しいチャンバラ芸人。その後脱退した**松井天斗**が『水戸黄門』のレギュラーになり、うっかり八兵衛的なコメディリリーフを演じたりした。**号泣**からは**島田秀平**が手相芸人として生き残っている。

ただ、一発屋と呼ぶには小粒だろう。かといって、はなわやテツトモ、ダンディが一発屋かというと、やや微妙だったりする。

はなわは翌16年、ガッツ石松をネタにした『ガッツ伝説』もヒットさせた。これには「ガッツが面白いのであって、はなわが面白いわけではない」（『週刊文春』笑えない「お笑い芸人」50人斬り企画アンケートより）という視聴者の声も出たが、この人には、

「ガッツさんが本当にそう言ったかというと、あれはネタですからね」

と、反論できるふてぶてしさがある。しかも、**弟の塙宣之**が「**ナイツ**」で東京漫才の雄となり、ここ数年は子供たちも格闘技企画でバラエティに出たりしている。平成29年には失踪していた妻の父を歌った『お義父さん』でも話題に。事務所（ケイダッシュ）も強いし、宗教（創価学会）のバックボーンもあるし、むしろ磐石なポジションである。

平成15年の新語・流行語大賞を「なんでだろう〜」で受賞したテツトモも、テレビからは消えたものの、営業キングとして復活。そのステージは驚くほどの充実ぶりで、他の芸人の追随を許さない。ただ、歌や顔芸はともかく、全身の激しい動きも駆使するため、平成28年のインタビューではテツがこう言っていた。

「体力の限界がきて、自然とやめなくちゃいけなくなるかもしれませんが、それまではやりますよ」

そこで、トモはこんな野心を吐露。

「二刀流もできなくないことを、証明できたらいいですね。最終的な目標は、芸人としてではなく、歌手としての紅白歌合戦出場！」

コミックソング以外の歌でも一発当てて、目指すは大物演歌歌手のような「1カ月公演」というわけだ。

そんな彼らとは、ちょっとした因縁がある。たしか『東京一週間』だと思うが、はとバスでたどる東京のご当地ソング名所みたいな企画のロケ依頼が来て、編集者いわく「はとバスの担当も、きれいどころのバスガイドを用意します、と言ってますよ」とのこと。とりあえず、引き受けるつもりでいたら、先方のダブルブッキングが判明し、コメントだけになった。その際、ロケ仕事をしたのがブレイク目前のテツトモだったのである。一発屋好きとしては「きれいどころのバスガイド」よりむしろ、テツトモのほうに会いたかったものだ。

さて、この両者に比べると、**ダンディ坂野**の場合は一発屋感が強い。たとえば、ブレイク3年後には同じ事務所のカンニング竹山に「デビューするのが早すぎた」「もう少し遅かったら、今のお笑いブームに乗れたのに」とこぼしていた、という。**このせこさ女々しさこそ、一発屋たるゆえん**だろう。

とはいえ、消えたわけではなく、CMなどでもちょくちょく見かける存在だ。じつはキメ台詞の「**ゲッツ！**」が15秒の尺におさまりがよく、衣裳も目立つというところが重宝されているらしい。それゆえ「(娘を)私立の女子校に入れるには学費がいくらで」などとぜいたくな悩みも味わっているようだが……。

「あんまりこんなこと言うと一発屋として使ってもらえなくなるので、言わないほうがいいんですけどね」

せこくて女々しいダンディ節も健在。本人いわく「旬じゃない芸人枠では割と上のほうのポジション」で今後も生き延びていくつもりのようだ。

✹『エンタ組』の「本格派」一発屋

そんな『オンバト組』に対し、より本格的なのが『エンタ組』である。ネタ番組に方向転換するやいなや、一発屋が次々と量産され始めた。まずは、平成16年に「**ギター侍**」としてブレイクした**波田陽区**だ。
ネタのなかに盛り込まれる**キメ台詞**「**って言うじゃない…○○斬り！…残念!!**」は新語・流行語大賞のトップ10に選ばれ、CD『**ギター侍のうた**』はオリコンで最高4位を記録した。ピーク時の月収は2800万円にも達し、母親の更年期障害も治ったというから何よりだ。

波田陽区 シングル『ギター侍のうた』（PONY CANYON PCCA-70096）
＊本書掲載のCD・レコードと書籍類はすべて著者手持ちのものです

もちろん、登場時から一発屋感は漂わせていたものの、年末に発売された『月刊アサヒ芸能エンタメ！』の「お笑いファン500人が選んだブレイク芸人実力鑑定団」では堂々1位になっている。2位以下に続くのはドランクドラゴンや陣内智則、いつもここからなので、かなりの高評価だ。しかし、本人は、「ファンレターが来たと思ったら95%が斬られたタレントさんのファンからの苦情。ヨン様ブーム全盛のときも『ヨンちゃん〝ぺ〟斬り!!』とやって、すごい勢いで抗議が殺到しましたからね(泣)」

たしかに、その芸は文字通りの両刃の剣。「W(ダブルユー)」の加護亜依を「デブルユー」と揶揄してハロプロヲタを激怒させたり『おしゃれカンケイ』を「よごれカンケイ」と呼んで資生堂が『エンタ』のスポンサーを降りるという結果を招いたりもした。その究極の武勇伝が別コラムで触れた『紅白』でのパフォーマンスだろう。

とはいえ、毒舌芸人が必ず一発屋になるわけでもない。古くはビートたけし、最近でもマツコ・デラックスや有吉弘行はしっかり生き残っている。ではなぜ、波田は失速したのか。それを考えるうえで、ギター侍を見ることなく死んだコラムニスト・ナンシー関がデーブ・スペクターとの論戦で主張した言葉を引用したい。

「それと、あなたには『片っぱしから罵ってる』ようにしか読めないかもしれないけど、それじゃあお金はもらえないのである。自分で言いたくはないが『芸』なのである、コレも」

こういうことを自信たっぷりに言えて、多くの人を納得させられてこそ、毒舌で食っていけるのだ。

ただ、波田の芸は成り立ちがちょっと違う。そこに『エンタ』が得意とする「加工」が施されていたからだ。それは見込みのありそうなマイナー芸人を発掘して、ディレクターと放送作家が協力してネタを練り上げ、メジャーなキャラに仕立てるというもの。**山田ルイ53世(髭男爵)**の『一発屋芸人列伝』には「お笑いライブや事務所のネタ見せに番組スタッフが出没」するなか、「ウチの事務所だけでも五十組くらい撮影して行った。それにたまたま僕が合格したんです」

という波田の回想が紹介されている。そこでスタッフの目にとまったのが「ギター侍」の原型ネタだったわけだ。さらに、山田は波田の先輩にあたる**ふかわりょう**が、
「負け犬みたいな奴が芸能界の外からギャンギャン吠えているから面白かったけど、それが芸能界の内側に入ると『身内を斬る』ことになってしまう」
と評していたことなどを引き合いにして、一発屋に終わった原因を分析。それでも波田の成功が「エンタ芸人」と呼ばれる模倣者を数多く生んだことも指摘して「時代の芸」「偉業」と賞賛もしている。たしかに、**まちゃまちゃ**などは彼がいなければ世に出られなかっただろう。

しかも『エンタ』からは波田以上に激しく「加工」された一発屋も生まれている。平成17年に売れっ子となった**コウメ太夫**（ブレイク時は、**小梅太夫**）だ。

こちらも冴えないピン芸人だったが、梅沢富美男劇団にいた経験を活かし、白塗りメイクの女形姿で自虐ネタを謡うというスタイルを思いついた。それを『エンタ』のスタッフが発見。

「♪素敵なカップルだと思って眺めてたら～いちゃつきはじめました　チクショー！」

という、ベタすぎてむしろシュールにさえ思える芸風で売れてしまうのだ。ただ、本人にはそこからが試練だった。

「レギュラーになってからは、日々ネタ作りとの戦いでしたね。僕が思いつくのは週に二十個が限界。でも『エンタ』の作家さんは毎週何百個も作っちゃって……。実際、放映されるのはほとんど作家さんのネタでしたし、放映が終わった時は、心に穴が空いたような気分になりました」

これではかつての**パイレーツ**あたりと、さして変わらない。尊敬するマイケル・ジャクソンを参考にした「ジャクソン太夫」など別バージョンも披露したが、やがて飽きられた。

平成21年には『キズナ食堂』の**「一発屋芸人海の家」企画**に登場。その初回で妻の献身ぶりが話題になったものの、2カ月後の最終回にその姿はなかった。途中で愛想をつかされ、家出されてしまったからで、そのまま離婚。公私ともに「**チクショー！**」と叫ぶほかない状況である。

しかし、そんなポンコツぶりが彼を救うことに。平成24年『テベ・コンヒーロ』で放送された「小梅太夫で笑ったら即芸人引退SP」を機に、ぐだぐだな**いじられキャラ**としての稀有な魅力が広まり、いまやこのジャンルの第一人者といっていい。苦手なネタ作りも続けていて、ツイッターに「まいにちチクショー」のハッシュタグで投稿。個人的に好きなのが、

「階段を上っていると思ったら～、階段を下ってました～。チクショー!!」

というやつだ。コウメ太夫でしか成立しないような妙味がある。**一発屋になったことで、この人は別の面白さを獲得したのだ**。

逆に、それができないでいる人もいる。ラッパー姿でラッパー風に失敗談を語り「**あ～い、とぅいまて～～～ん！**」という軽薄な謝罪でしめる「**ですよ。**」だ。『エンタ』には20回連続で出演したものの、本人が考えたネタは一度も採用されなかったという。この人については平成19年『週刊文春』の「画面から消えろ『お笑い芸人』ワースト20」という記事でコメントを依頼され、

「芸人のダメさを打ち出して笑ってもらうスタイルですから（略）『この先どうするんだろう』という意味でも笑えないんです」

と答えてみた。それでも、ちょくちょく仕事はあるようで、ツイッターでも毎日「あ〜い、とぅいまて〜〜〜ん！」をつぶやいている。それも一発屋らしい生き方だ。

✹「ヒロシです……」

話を『エンタ』に戻すと、このヒットは**ネタ番組のブーム**をもたらした。**平成16年**には**『笑いの金メダル』17年**に**『ザ・イロモネア』19年**には**『爆笑レッドカーペット』**や**『あらびき団』**がスタート。この年には『ぐるぐるナインティナイン』の「**おもしろ荘へいらっしゃい！**」も生まれている。また、年1回のイベントとして、**平成13年**からの**『M－1グランプリ』14年**からの**『R－1ぐらんぷり』**があり、**20年**には**『キングオブコント』**も始まった。芸人が自分のネタで勝負するには格好の時代だったのだ。

これは『電波少年』や『ボキャ天』が芸人にネタ以外のものをやらせたことへの反動でもあったのだろう。この平成前期の2大ムーブメントは、太田プロやナベプロといった非・吉本興業の勢力が主導した。これに対し、昭和初期に漫才を生み出した老舗の吉本が逆襲した構図にも見える。

個人的には、芸人はネタをやってなんぼだと思うので、この揺り戻しはうれしかった。おかげで、好みの芸人にも多く出会えるようになった気がする。そのひとりが、**平成16年**にブレイクした**ヒロシ**だ。最初に出た全国放送は『エンタ』だが、注目されたのは『笑いの金メダル』。翌年

『ココロ花』でデビューした番組内ユニット・笑金オールスターズにも参加している。

ただ、ヒロシと音楽といえば、なんといってもBGMの『ガラスの部屋』だ。イタリアの歌手、ペピーノ・ガリアルディのヒット曲で、自虐ネタとの相性は絶妙。これを自ら選んだところにもセンスのよさがうかがえる。

そして何より、彼の魅力は人間としてのけなげさである。そもそも「極度の人見知り」なのに芸人になってしまったこと自体、不器用というほかないが、それは一発屋になっても変わらない。そのことに戸惑い、それを正直に口にしてしまうのだ。

「トーク番組に呼ばれたところで、そんなにおもしろい話はできないですし。ただ、しゃべらないと一発屋って言われるし、ネタを見せても一発屋って言われるから、もうどうしようもないなと思って」

これは平成27年の雑誌での発言だが、二発目を当てない限り、一発屋は一発屋なので、たしかにどうしようもない。

平成30年には『徹子の部屋』で、一発屋になったときのことを「こんなに大変なのかと思いましたね」と振り返り、

「テレビに出てて、急に出なくなると、いろんな人がけっこう態度を変えるんですね。露骨すぎて。**ホントにビックリするくらい態度が変わるんですね、人は**」

そんななか、旅番組で共演していた野際陽子が変わらずに接してくれた感激を告白。ヒロシはこうした大御所にウケがよく、黒柳もそうだし、桂歌丸もそうだった。おかげで『徹子の部屋』や『笑点』にも呼ばれ、美輪明宏には自伝の帯文を書いてもらった。

そのかわり、騙されることもある。ブレイク前から世話になった人に金を無心され、25万円を貸したものの、

「数カ月後に僕の携帯電話の変更の連絡をすると、何の反応もありませんでした……。返せないならその『今は返せない』という連絡だけでもほしかったですけどね」

こういうネタ、いや、エピソードが似合う限り、**自虐系芸人として**生きていけそうだ。その意味ではむしろ、最大の危機は一発当てた直後、高級車のジャガーを買い、風俗三昧を報じられたときかもしれない。でも、風俗三昧については、

「ヒロシです……。彼女の苗字を知りません」

と、しっかり自虐ネタに昇華させた。このぶんなら、たとえ結婚しても、妻の尻に敷かれるネタなどで芸風を維持できそうだ。

とにかく、**この時期には多士済々の一発屋芸人がいた。それはまるでバブルのようだったが、バブルはいずれはじけるものだ。**その話については、のちほどすることにしよう。

COLUMN

一発屋名場面その1 『紅白』で斬り死にしかけたギター侍

テレビ界有数の生番組である『NHK紅白歌合戦』。出場歌手はもとより、ゲストも多く、詰め込まれる情報も膨大だ。それゆえ、ベテランアナウンサーですら「みそら」発言でミソをつけてしまうほど。平成25年の鉄拳のように、せっかく応援で登場したものの、尺の関係で得意のパラパラ漫画を披露するまでいけず、出オチみたいに終わった人もいる。

そんななか、**一世一代のパフォーマンスをやってのけたのが波田陽区**だ。**平成16年**、島谷ひとみと氣志團のあいだに登場した彼は、リハーサルでやったネタを変え、こんなネタを披露した。

「♪第55回紅白歌合戦。紅白に分かれて頑張りますって、言うじゃな〜い。でも、紅組が勝とうが白組が勝とうが興味ありませんから！　残念!!　そのとき、格闘技の結果に夢中、斬り！」

そこから北島三郎をヨイショして「拙者、この1分間のために10時間も待っていましたから！切腹!!」と締めたものの、これはかなり攻めたネタだった。じつは前年、裏番組の『K-1プレミアム2003』の曙・ボブサップ戦に瞬間視聴率で抜かれるという『紅白』史上初の事態が起きていたのだ。NHKにとってはシャレにならないだろうと思い、波田がここに呼ばれることはもうないのではと感じた。

しかし、この年には彼に負けず劣らず『紅白』斬りをしてしまった大御所もいた。審査員の橋田壽賀子だ。すでに3分の1近くが過ぎたところで感想を求められ「私は今までの歌、ひとつも知りません」というようなことを言ったのである。考えようによっては、こっちのほうが痛手だろう。

そのおかげかどうか、波田は4年後、別項(45頁)でも触れたように「**ヘキサゴンオールスターズ**」の一員として、**羞恥心with Pabo**の応援に駆けつける。そこにダメ出しをするほど、NHKも怒ってはいなかったわけだ。

ただし、一発屋としては、あの斬り死にパフォーマンスだけで終わったほうが美しかった気もしなくもないが⁉

『あいのり』ブームとさくら戦争 キーワードは「郷愁」

『明日への扉』I WiSH、『桜』河口恭吾

Jポップ史上最高の名曲は何か。さまざまな意見があるだろうが、個人的に上位に推したいのが**『明日への扉』**(**I WiSH**)だ。

✸名曲『明日への扉』を歌った女子高生

恋愛バラエティ『あいのり』の主題歌として世に出て、**平成15年**のバレンタインデーに発売。カノン進行をとりいれた日本人ウケするメロディーと、等身大のキラキラとした詞、心地よいゆ

らぎのあるボーカルとがあいまって、オリコンの年間チャートで6位に入る大ヒットとなった。その15年後には、アニメ映画『あさがおと加瀬さん。』の主題歌に声優ふたりによるカバーバージョンが使われ、メインスタッフたちがこんな「理由」を挙げている。

「普通の女子高生がカラオケで歌っていそうな恋愛J-POP」「この作品のファンの方は10代後半から30代前半の方が多いようなので、その人たちが聴き馴染みのある曲」「ピンポイント世代はありつつも（略）誰もが共感できるような素敵な歌」

男女二人組のI WiSHは2年半で解散したが、この曲はスタンダードとして歌い継がれているわけだ。ではなぜ、時をこえて「共感」できるのか。それはやはり、作詞作曲を手がけ、ボーカルも務めたaiの力によるところが大だろう。

というのも、これはもともと、aiこと女子高生の川島愛（本名）が渋谷の路上で歌手を目指し、ひとりで歌っていた曲だった。その時点でのタイトルは『旅立ちの日に…』。ラブソングではなく、卒業ソングだ。

しかし、I WiSHを組むことになるnaoらと出会い『あいのり』主題歌でのデビューが決定。ただ『旅立ちの日に…』の詞をラブソングに書き直すことが条件だった。彼女はこの条件を見事にクリアする。

というと、デビューやタイアップのために妥協したかのような印象を受ける人もいるかもしれないが……。彼女にとってデビューはゆずれない悲願だったし、タイアップの商業主義に流されない純粋さも持ち合わせていた。それは彼女の生い立ちと無縁ではないだろう。

実父は生まれる前から所在不明で、実母は生後半年で病死。児童養護施設を経て、養父母に引き取られた。「三井のリハウス」ウェブマガジンでの発言から引用してみると——。

「でも、ずっと人見知りして、泣いてばかりだったみたいで。私をどうにか笑顔にさせようと、母が知人に相談して、地元の音楽教室に通わせてくれたのが、音楽を始めたきっかけなんです。はじめてのレッスンで歌とピアノを習ったあと、私が満面の笑みで母に笑いかけていたみたいで『あぁ、この子にずっと歌ってもらいたいな』と思ったようです」

だが、10歳のとき、養父が病死。中1のときには「秘密」も知った。

「母に書類を取ってくるように言われて開けた金庫の別の引き出しの中に、私の名前とその母親の欄に見知らぬ女性の名前が記入された書類を見つけました。一緒に里親制度のパンフレットもありました。『一体どういうこと?』と、一目散に母に聞きに行くと、それまで私が見たことがないくらい悲しそうな顔になって……。私が施設にいたこと、両親とは血がつながっていないことを簡単に説明し、最後に『でも、愛はお母さんの本当の娘やけんね!』と言われて、その話は

I WiSH シングル『明日への扉』(SME Records SRCL5531)

川嶋あい アルバム『Shutter』[平成 26 年](TRAK-0146)

終わりという感じでした」

　こうした出来事が、ふたりの「歌」への思いをより強くすることに。彼女いわく「母と私にとっては歌が生命線」で「いっそう親子の絆や心をつなげてくれ」るように思えたからだ。その後、中2で演歌歌手としてデビューするも挫折。高1で福岡から上京して、路上で歌い始めるわけだが……。デビューが決まる2カ月前に、誰よりも応援してくれていた養母は病死した。

　とまあ、こんな16年間が彼女の「歌」にも特別な力を加えているのだろう。どこか人恋しげな儚さと、それでいて芯の強さもある声と歌い方。変なたとえだが「料理の隠し味は愛情」みたいな、人生経験による魔法のようなものを感じるのである。

『明日への扉』がヒットしてからも、彼女は路上ライブを続け、2年後、目標としていた1000回を達成。これを節目に、ソロアーティスト・**川嶋あい**として再スタートする。平成18年には『**旅立ちの日に…**』をシングルとしてリリース。こちらは卒業ソングのスタンダードになった。

　たとえば平成23年8月、彼女は宮城県南三陸町の小学校で子供たちとともにこの曲を歌っている。東日本大震災から5カ月後に行なわれた「日本で一番遅い卒業式」でのことだ。震災が起きた日、子供たちがこの曲を練習していたという話を聞き、3週間後に支援に駆けつけたことから生まれた縁だった。

　自身も孤児であることから、女性週刊誌でこんな発言もしている。

「まだまだ、これから震災孤児の子たちのケアは必要です。普段は明るいのですが、震災の話になると口ごもってしまう。（略）言葉はいりません。周りの温かさによって包んであげること、交流してあげることが一番のケアになると思います」

なお、彼女は高畑充希らに作品提供もしているが、逆に誰の作品なら歌いたいかと聞かれた際、三まわり以上も年上の作詞家・松本隆を挙げた。その理由は、

「これこそ日本のJ－POP。世界に誇れる言葉であり、音楽なんじゃないかな」（『ジャパンビルボード』より）

思えば、彼女の音楽も、歌謡曲とJポップをつなぐものだといえる。キーワードは「郷愁」。じつはこの時期、ノスタルジックなテイストの音楽がブームにもなっていたのだ。

✷「桜ソングの一発屋」

そのひとつが「桜ソング」である。事実上の「国花」でもある桜は古くから物語など芸術の題材になることも多く、平成ではジャンル（?）にまでなってしまった。そんななか「**桜ソングの一発屋**」と呼ばれているのが、**河口恭吾**だ。

ちなみに、桜ソングの歴史は意外と浅い。昭和、特に戦後は目立たない存在で、ヒット曲が量産されるのは平成になってから。その背景には、桜に軍国主義のイメージがつき、敬遠されてきたという問題がある。

昭和後期を代表する作詞家・阿久悠も、こんなことを言っている。

「国旗出すのにすごい抵抗があるっていうか……桜の花すら耐えられない」

8歳で終戦を迎え、戦後平和教育への急転換を経験したこの人には、桜が戦前ナショナリズムの象徴に思われ、アレルギー状態だったわけだ。

しかし、谷村新司・加山雄三による『**サライ**』（平成4年）や坂本冬美の『**夜桜お七**』（平成6年）あたりから、風向きが変わり始める。平成12年には福山雅治の『**桜坂**』がダブルミリオンを達成し、平成14年には宇多田ヒカルの『**SAKURAドロップス**』も大ヒット。その後もコブクロの『**桜**』やケツメイシの『**さくら**』（ともに平成17年）いきものがかりの『**SAKURA**』（平成18年）といったメガヒットが生まれ、桜ソングは隆盛を極めていく。

ただ、昭和の戦後期だって日本人はずっと花見に興じてきた。こうした桜ソングの需要は潜在的にすごかったのだろう。むしろ阿久のこだわりなどよそに、日本人は長年、花見で歌えるような曲に飢えていたのかもしれない。

そして、その最高峰とでもいうべき曲が『**さくら（独唱）**』（森山直太朗）である。平成15年に大ヒットし、その年の『紅白』では第二部のオープニングで歌われた。桜ソングの人気投票でも常にトップ争いをする名曲だ。

それが、河口のブレイクにもひと役買っていた。じつは『さくら（独唱）』がリリースされた翌月、奇しくも河口の『**桜**』もリリースされ、こちらも火がつき始めていたのだが……。不運にも、レコード会社が音楽業界から撤退してしまった。しかし、森山のバカ売れもあいまってか、年末に別の会社から再発売されることに。いわば、次の桜ソングを期待する業界や世間の思惑と見事に一致し、翌年、大ヒットするわけだ。

「この曲は実際、自分の部屋の窓から桜が見えて、そのときに感じたままを歌にしたんです」

当時、雑誌ではこんな自己解説も。桜ソングならではのエピソードだ。が、彼はこの12年後「全部ウソ」だったと告白することになる。『しくじり先生　俺みたいになるな!!』でのことだ。

成功と挫折を経験した有名人から、面白おかしく教訓を学ぼうというこのバラエティに登場した河口は、**本当はドラえもんが登場するCMソングの公募のために作った**ものだと明かし、「10年売れなくて。栃木の田舎から出て来て、やっとつかんだチャンスかもしれない。ウソつきますよね」

と、自虐的に語った。そして「桜のたとえやすさは異常」「日本人の桜好きは異常」などと、桜ソングのおいしさ、と同時に手を出すことの怖さについて分析したのだ。

実際、ブレイク後の第1作『**愛の歌**』のセールスは『桜』の40分の1にダウン。その後も右肩下がりを止められず、ブレイクから3年後の『**会社をやめて旅に出よう**』にいたっては733枚まで落ち込んでしまう。数字ばかりか、歌詞の内容も、満員電車に揺られる会社員が自分を『ドナドナ』の子牛のように感じるという、物悲しい曲である。

それゆえ、唯一のヒット曲『桜』のバージョン違いを10回以上も発売するハメに。ところが、肝心の本人がこの曲に飽きてしまい、一時は歌うことを封印したりもした。おかげで営業先から、**なぜ歌わないのかと怒られるという「一発屋あるある」**を地で行くことになるのだ。

ただし、ヒット直後にネットで騒がれたパクリ疑惑には言及しなかった。平成5年に徳永英明がヒットさせた『僕のそばに』に詞も曲も似ていると指摘され『J-POP「リパック!」白書』の著者・オタニユキノリも「確かにそっくりだね」と言っていたのだが……⁉

それでも河口、結婚して息子が生まれたことで心境が変化した。ドラえもんとのび太のイメージで書いた『桜』の「僕」と「君」を「自分」と「息子」に置き換えて歌えることに気づき、新たな思い入れを抱けるようになったという。

それにしても、**気になるのは森山との違い**だ。ほぼ同時期に桜ソングで世に出ながら、彼はブレイク後の第1弾『夏の終わり』もそこそこヒットさせたし、その後も平成の実力派フォーク歌手として揺るぎない地位を築いている。『しくじり先生』のような番組に出ることもないだろう。

この違いは、作品のスケールの差もさることながら、つまりは**芸能力の問題**かもしれない。昭和フォークの名花・森山良子を母に持ち、その子守唄で育った直太朗。家で何か口ずさみ始めると、誰かにサビを奪われてしまうという「鼻歌どろぼう」のエピソードなど、毛並みのよさは抜群だ。親戚には、ムッシュかまやつや小木博明（おぎやはぎ）もいる。

そのせいか、トーク番組などに出ても物怖じするところがなく、どこか大物然とした印象もある。思えば、桜ソングの成功者には『紅白』のトリや『レコ大』受賞クラスの超一流が多く、それくらいでないとその重さに負けてしまうのだろう。また、曲の雰囲気的にもゴージャスというか、勢いを感じさせるものが目立ち、その点、シンプルで淡々とした河口の『桜』は異色なのだ。

しかし、だからこそいいともいえる。**パッと咲いてパッと散る、という潔さと儚さは、桜にも一発屋にも共通する魅力**だからだ。河口ほどそれを体現している人は他にいない。

COLUMN

一発屋名場面その2　t.A.T.u.『Mステ』ドタキャン事件

最新のヒット曲がゴールデンタイムにナマで聴けるという意味では、いまや唯一の存在というべき『ミュージックステーション』。その30年を超える歴史のなかには、ハプニングも当然ある。

特に司会のタモリ自身が語り草にしているのが、**t.A.T.u.** のドタキャンだ。ロシアで人気だというＰＵＦＦＹみたいな女性デュオが来日、**平成15年**6月25日の回に出演したのだが……。オープニングでは「もっとスカートの丈を短くしようかしら」などと冗談も飛ばしていたのに、歌の出番が近づいてきても控え室から出てこない。そのうち、タモリが「ちょっとお話ししようと思うのですが」と語り出し、

「えー、t.A.T.u. が出たくねえ、ということで」

真相が明らかになった。それでも番組としては曲順を変え、ギリギリまで粘ることに。ＣＭ前にタモリが、

「t.A.T.u. 今なら間に合うぞ!」

と呼びかけるなどしたが、最後まで出てこなかった。

その穴を埋めたのが、**THEE MICHELLE GUN ELEPHANT**だ。じつは曲順変更のあおりを食らったのも彼らで、タモリに「初登場だけど、どうですか。この雰囲気は」と聞かれると、ボーカルの**チバユウスケ**が「いや、もう、だって順番違うし～」と苦笑していた。だが、そこは経験豊富なロックバンド。音合わせなしで自分たちだけでも演奏できるとあって、ラ

スト数分に再登場となったわけだ。

同じ回に出演したV6の井ノ原快彦は、舞台ウラをこう証言している。

「スタッフがあわててCM中に『もう1曲できますか』と聞いて『あっ、いいっすよ』と答えていた。ああ、かっこいいなと思った」

そして、タモリも内心、面白がっていたという。ジャズ通でもあるこの人は大のアドリブ好きなのだ。後年、この件を振り返り、

「あれこそが生放送で、音楽が創られる場を目撃するということになると思う。（略）生放送はそういうハプニングがないとダメですよ」

この夜を境に、t.A.T.u. は凋落していった。視聴者は彼女たちが一発屋になるところも目撃したのである。

女の敵は一発屋「公私混同」芸のあやうさ

「フォー!!」「間違いない！」〝ディラン&キャサリン〟

「一発屋芸人、一瞬の絶頂」——『週刊文春』の平成22年ゴールデンウイーク特大号に、そんな企画が組まれている。一発屋評論家としてコメント取材を受け、掲載誌を見たらモノクログラビア8頁にわたる大特集。扉を飾るのは、**レイザーラモンHG**だ。

おなじみのボディスーツに身をつつみ**「フォー!!」のポーズ**を決めながら、インタビューではこんな思い出を披露。

「その頃は大阪に住んでて、移動時間が寝る時間でした。ブルネイって国でロケ中にブルネイ人に『HG！』って指さされたときは世界つかんだわ、と思いましたね」

平成17年には新語・流行語大賞にもノミネートされたが、飽きられるのも早かった。そこで、大学時代に同好会でやっていたプロレスをしばらく活動のメインにしたものの、大ケガを負ったことから、このインタビュー直前に引退。「芸人一本で二発目をめざします」と宣言していたが……。ピンクのワンピース姿で「ふぇ〜」と叫ぶ新ネタ「ハードレズ」をはじめ、いっこうに二発目が当たる気配はない。最近では、細川たかし風の髪型と「あるある言いたい」ソングでブレイクした**相方・レイザーラモンRGとの立場も逆転**してしまった印象だ。

そんなHGこと**住谷正樹**がなかなか再浮上できない理由として、気になる話がある。それはジャニーズ事務所の女帝・メリー喜多川が下ネタ系の芸人を快く思わず、なかでもHGが大嫌いだという話。もともと女性ウケはしにくい芸風とはいえ、相手はただの女性ではない。テレビ局の人間には、ジャニーズタレントとの共演を避けようとする感覚も生まれるだろう。一度失速した一発屋にとっては大きなマイナス要素だ。

✹スキャンダルで「女の敵」

そういう意味で、じつはこの特集、興味深い流れになっている。HGの頁をめくると、次の頁の上半分が**長井秀和**なのだ。こちらは優男っぽいイケメンだし、あからさまな下ネタでもなく、スタンダップコメディの知的な芸風。**「間違いない！」の決め台詞**で人気を博し、平成16年から翌年にかけては『不幸の法則』という自分の番組も持った。しかし、この人もじつは**「女の敵」となってしまったことが災いした**のである。

特集のインタビューでは全盛期の年収が5、6千万円だったとして、こんな告白を。

「その金も結局フィリピンの美人局事件に関する出費、その裁判費用、離婚した嫁への財産分与、慰謝料、養育費に消えましたけどね」

平成19年5月、フィリピン滞在中に現地警察を名乗る男たちによって17歳の少女への淫行をとがめられ、身柄を拘束。日本にいる妻を介して約1千万円を払い、解放されたものの「いわれのない恐喝」だったとして、裁判を起こした。さらに、同年10月には、カナダ人タレントとの不倫が発覚。翌年、妻からも離婚されてしまう（のち、ドイツ人の一般女性と再婚）。

こうした経緯から、イメージはがた落ち。『サイゾー』に連載された実録風の小説にも、こんな記述がある。主人公は長井同様、お笑い武者修行のためニューヨークに行くのだが、語学学校の日本人女子たちの目がスキャンダルで一変したというのだ。

「〝淫行をした〟と報じられるような男には近づきたくないのが女子心だ。とかくスキャンダルは面倒臭い。（略）アメリカ人の〝人生いつでもパーティー気分〟な先生のノリに『しっかり応えないと、コメディアンとしてダメでしょう』という空気の中で、応えると今度は〝外国人女性好き海外逃亡変態芸人〟と日本人女子から見られてしまうジレンマ」

帰国後もイメージは回復せず、特集のインタビューでもこう愚痴っている。

「この間は知人に『ずっと犯罪者だと思ってました』と言われました。美人局事件の『淫行』という誤報が定着してるんですよね。単なる一発屋ならまだしも、自分の場合、取り返すのがしんどいですね」

女の敵、というイメージを払拭できない限り、復活が困難なことは「間違いない！」だろう。

✸「結婚なんて誓えへん」

そしてもうひとり「女」絡みで損をした人が。**なだぎ武**だ。平成19年と20年にR‐1ぐらんぷり2連覇を果たした実力派だが、多くの人がまず思い出すのは、**友近と組んだ「ディラン&キャ**

サリン」ではないだろうか。

海外ドラマ『ビバリーヒルズ青春白書』からヒントを得たキャラクターコントで、米国の若者カルチャーや日本語への吹き替えに対して生じるズレの面白さを笑いに昇華。加えて、平成18年にふたりの交際が発覚したことから公私混同の妙もあいまって、ＣＭに起用されるほどの人気を博した。

ただ、なだぎにとって不運だったのは、相手よりやや格下だったため「友近の彼氏」というイメージがこの時点でついてしまったこと。それはＲ‐１連覇をもってしても完全には変えられなかった。また、どちらも多忙になったことで恋人関係にはすれ違いが生じたようだ。

平成20年、久々に共演した『24時間テレビ』ではこんな場面が。番組のテーマが「誓い」だったため「友近、なだぎ、結婚するって誓ってくれ」というファクスが紹介されたのだが、周囲が盛り上がるなか、友近は意外な言葉を口にした。

「結婚なんて、誓えへん」

私生活で一緒にすごす時間が減り、友近も何かと不安だったのだろう。やがて、ふたりは破局。その頃から、彼の姿をテレビで見かけることは激減する。もっとも、その後のふたりが険悪なわけではなく、共演ＮＧでもないのだが……。友近が朝ドラに出たり、演歌歌手・水谷千恵子のような別キャラを作ったりと活躍すればするほど、なだぎはいまいちパッとしない印象をかもしだしてしまう。その積み重ねが彼に不利な状況をもたらしていったのである。

逆にもし、**破局せずに「友近の夫」になっていたら……**。芸人としての格差はともかく、彼にとっての一発「ディラン＆キャサリン」を楽しく続けることはできただろう。

女の幸せは男で決まる、ともいわれるが、一発屋の幸せは女で決まる、のかもしれない。

続・女の敵は一発屋 その意外なサバイバル

「キレてないですよ」「そんなの関係ねぇ」

「あのキャラについては見れたものじゃないけど仕方ない。生活もあるだろうし、今さら『やめろ』とは言えない」

レイザーラモンHGの母の言葉だ。息子には誰より甘いはずの実の母まで「見れたものじゃない」と言うのだから、女ウケの悪い芸人が消えやすいのも当然だろう。HGが失速し始めた頃、長州力のモノマネと流行をとりいれたパラパラダンスでブレイクした**長州小力**もまたしかり。平成18年に『週刊女性』が行なった「絶対にッ『エッチしたくない』男女20人」というアンケート企画では、男部門でHG（12位）を抜き、ベストテン（10位）入りした。

✹「キレてないですよ」が思わぬ……

性愛学の専門家・堀江宏樹によれば「無造作な長髪と色白モチ肌、男とも女ともつかないモナリザフェイス」「女性は魅力を感じにくい」ということで、アイドルや女優との結婚を夢見て芸人になったという小力にとっては残念なことこのうえない。ただ、一発屋としての自己分析はしっかりしていて、こんな発言が。

「最近、営業してて『なんでテレビ出ないの』って聞かれるんですけど、**出た理由もわかんないのに、出ない理由なんてわかんない**ですよ。（略）自分のしたことが努力以上に報われる体験ができたのはラッキーだったし、もう一回くればいいなとは思うけど……やっぱり人生に一回くらいなんですかね」（『週刊文春』）

しかし、意外なところで重宝がられることに。キメ台詞の「**キレてないですよ**」が、結婚式の縁起モノとして喜ばれるようになったのだ。

「それが『切れないという意味で縁起がいい』って言われたことがあったんです。で、次の式のときに『ふたりの縁は切れないですよ』とスピーチしたら、周囲もウマいこと言ったみたいにオーッてなって（笑）」

最後はお祝いの舞としてパラパラを踊って締める、というフォーマットもでき、結婚式のオファーが激増したという。所属がプロレスコントをメインとする零細事務所だけに、こうした営業が仕事を切らさないための命綱になりそうだ。

✸子供は大好き

では、HGや小力のあと、世の女性の眉をひそめさせた**小島よしお**はどうだったのか。平成19年「**そんなの関係ねぇ**」が新語・流行語大賞でトップ10に入り、翌年にはお笑い芸人として史上初めて切手になるなど一世を風靡したが、海パン一丁で行なう芸のリスクは小さくなかった。本人は、大変だった仕事として、

「足もとには氷が張っていて、死ぬかと思いました。そんな僕のつらい姿を見たかったのか、過去最多のお客さんが来てくださったようです」

という北海道の雪まつりを挙げるが、細木数子の『幸せって何だっけ』にゲスト出演したときも、背筋が凍る思いだっただろう。「あぁ、気持ち悪い！ 私、降りる!!」と言われ、料理コーナーの非オンエア部分では「汚い手で触らないでよ！」とまで毛嫌いされる始末。

ただし、スタッフが小島を呼んだのは、細木の親戚の子がファンだという話を聞いたからだった。そう、女ウケは悪くても、子供は小島みたいな芸が大好きなのだ。そして、ブーム終息後の彼を救ったのも世の子供たちだった。

平成23年、先輩芸人のすすめで子供向けのライブを始めたところ、これが定着。年間100本以上、こなすようになる。日本の子供の大半は特撮ヒーローやプリキュアシリーズを体験するが、小島の芸もそこに加わったわけだ。そのおかげで、

「単純明快、シンプルがいちばん。（略）子どもは変顔が大好きです」「心を『ハダカ』にするのが大事ですよ。僕はいつもハダカですけど」

といった、子供と仲良くなるコツも会得。『キッズのココロわしづかみ術』という本まで書いた。

それにしても、**小力が結婚式、小島が子供向けイベントにそれぞれ活路を見いだした**のは興味深い。非婚化や少子化という最近の傾向の逆を行くものだからだ。日本が今後、一億人の人口を維持できるかどうかは、このふたりの芸人にかかっていたりして!?

ダイエットにホスト、オネエたち
美にこだわる「男」の美学
デューク更家、ビリー隊長、城咲仁、真島茂樹、佐藤かよ

いきなりの宣伝で恐縮だが、昨年（平成30年）ダイエット本というものをプロデュースさせてもらった。ホネホネロック（東城薫）さんという主婦の方が著者の『カロリー貯金ダイエット』だ。不肖・宝泉、かつての**鈴木その子**みたいに一攫千金を夢見たわけでもないが、それを可能にするのもこのジャンル。平成期にも「**ダイエットで一発**」を実現した人は少なくない。

✷「ダイエットで一発」を体現

なかでも、最大の成功者が**デューク更家**である。**平成15年**、両手を上にあげ腰をひねりながらくねくねと歩くシェイプアップ法を提唱して、流行させた。肩書は「ウォーキングドクター」。だが、気になるのはむしろその後の生活だ。

都内の一等地に住みながら、モナコにも自宅を構え、セレブとして豪遊。ただし「デューク」といっても和歌山出身の生粋の日本人だ。高級レストランではなかなか相手にされず、多額のチップを毎回はずんで認めさせるというせこい努力もした。大好きなＦ１の開催日には、モデルを集めて盛大なパーティーに興じ、ふだんも朝からシャンパン昼には焼肉という酒池肉林（？）の日々らしい。

そうなると気になるのは、体型の維持だ。太ったという噂が流れ、平成26年には『有吉反省会』で自らその事実を認めた。そして、自身のブログでダイエット宣言もしていたのだが……。

4年後、ネオン街を妻と二人連れで「千鳥足」で歩く姿を目撃され『週刊女性』に直撃された。すると、

「うわ〜、奥さんでよかったわ〜。六本木とか銀座とかでおねえちゃんと一緒のときだったら、ヤバいやん（笑）」

ジョークをひとつ。同じ頃にブレイクした**パンツェッタ・ジローラモ**も顔負けの「ちょい不良《わる》オヤジ」ぶりだ。体型についての質問にも「お腹、ちょっと出てる！　出てる、出てる、出てる」と、笑い飛ばし、

「俺、エクササイズせぇへん。楽しいことが好きだからね」

医者の不養生ならぬ「ウォーキングドクター」の不摂生を告白していた。

これと似た話が、**ビリー隊長**こと**ビリー・ブランクス**にもある。こちらは米国陸軍の新人向け訓練で行なったエクササイズを「ビリーズブートキャンプ」として紹介し、ブームを巻き起こした。

平成19年の来日では、1週間で20本ものテレビに出演するなど引っ張りだこに。本人が「なんでこんなに忙しいんだ！」と愚痴るほどだったという。しかも『週刊文春』の記者から「ビリーズブートキャンプ」での映像に比べ、お腹がぽっこりしていることを指摘され、

「そんなことはない。今がベスト体重だ」

と、ムキになって否定。それでいて、次のDVD撮影までに10ポンド（約4・5キロ）落とすと、矛盾した宣言をしたのである。彼いわく、

「簡単なことだよ。ペプシ（コーラ）を飲むのをやめればいい。糖分を控えるんだ。それから好きなアイスクリームを食べるのもやめる。二週間もすれば、体重は落ちていくさ」

そりゃそうだろうが、運動で痩せるんじゃなかったのかとツッコミたくなる発言でもあった。

そんなビリーは2年後、14歳下の日本人女性とできちゃった再婚。その縁で「なんばグランド花月」に出て、吉本芸人たちとエクササイズをしたりした。前の来日では娘（当時の妻の連れ子）が一緒だったが、あっというまのパートナーチェンジである。こちらもデューク同様、なかなかのやり手なのだろう。

ビリーがブームを巻き起こしていた時期には、おたく系文化人の**岡田斗司夫**が『**いつまでもデブと思うなよ**』をベストセラーにして、レコーディングダイエットが話題に。また、この頃に「ホームレスギャル漫画家」として世に出た**浜田ブリトニー**もその後、ダイエットで再注目された。やはり、ダイエットはいろいろ有効なようだ。

それにしても、多くの人が痩せたい理由はひとつに「モテたい」ということだろう。そして、

モテることが仕事というのが「ホスト」だ。そこから芸能界に入り、一発当てた**城咲仁**みたいな人もいる。

平成17年には、イメージDVDの『**regalo**《レガーロ》』をリリース。新宿の老舗ホストクラブのナンバーワンで、年収1億超ということから「夜の1億円プレーヤー」などとも呼ばれた。

「僕、10人のお客を1人で接客できるんです。あと、いくら飲み過ぎても、家に着いてネクタイを緩めるまでは倒れません」

というホストとしての適性が芸能にどこまで活きたかはわからないが、翌年にはフォーリーブスのカバー『ブルドッグ』で歌手デビューも。水商売つながりなら『踊り子』のほうが似合うのに、というのはよけいなお世話だろうか。ディナーショーも行なったようなので、そこでも歌ったはずだ。なお、ホストの前はバーテンダーだったことから特製カクテルを自ら振る舞うプランも語っていた。

ちなみにこの時期、城咲に触発されたのか、**坂本一生（新加勢大周）がホストに転身**したりしている。平成30年にはスポーツ紙に「転職14回」と紹介されており、そのひとつがホストだったわけだ。

つまりはそれほど、ホストがブームだったということでもある。その一方で、ひとつのジャンルと化したのが「オネエ」だ。デュークやビリー、そして城咲もそれぞれ「美」で商売する男たちだが、こちらはそれ以上に「美にこだわる」男たちかもしれない。

✹「オネエ」というジャンル

そんなオネエのジャンル化、あるいは市民権獲得を象徴したのが『**おネエ★MANS**』である。**平成18年**に土曜夕方の30分番組として始まり、翌年には火曜夜7時台の1時間番組に昇格。平成21年まで続いた。オネエ人気の高かった山口達也と、各界のオネエたちが繰り広げるバラエティで「**おねえマン**」は新語・流行語大賞にもノミネートされることになる。

有名どころでは、**はるな愛**に**IKKO**、**假屋崎省吾**、**植松晃士**、**真島茂樹**らが登場。このうち、一発屋と呼んでいいのがマジーこと真島だろう。平成16年のヒット曲『マツケンサンバⅡ』（松平健）の振付を手がけ、バックダンサーも務めたことから注目され、翌年には『**花吹雪 不夜恋**』でソロデビューも果たした。もともとは日劇ダンシングチームで活躍したベテランダンサーである。

当然（?）松平との仲にも関心が集まったが、女性週刊誌のインタビューでは、

真島茂樹 シングル『花吹雪不夜恋』（ジェネオン エンタテインメント GNCL-0010）

「ダメですよ～♪　僕の大恩人ですから。マネジャーに怒られちゃう♡」

とのこと。片岡愛之助にもオネエ演技の参考にしたという片岡愛一朗という弟子がいるが、それと近い関係かもしれない。

そんななか、美女になりきる人も現れた。**椿姫彩菜**や**佐藤かよ**である。「なりきる」というより、前者は性適合手術を受け、戸籍も女性に変更。後者もその手術を受

けたとされる。ともにれっきとした「女性」モデルだ。

美しければそれで幸せかというと、さにあらず。椿姫は『サイゾー』でこんな葛藤を語っている。

「『小悪魔ａｇｅｈａ』に出始めた頃は、正直、メディア恐怖症だったんです。まだ事務所にも入ってなくて、テレビのクイズ番組とかで『この中で男は誰でしょう』みたいなことをやらされて『私は男じゃないのに』って。誰も信用できなくなってました……」

また、佐藤は『魔女たちの22時』でカミングアウトするまで半年悩んだという。それでも決断にいたったのは、周囲の理解や励ましがあればこそ。『週刊アサヒ芸能』では、事務所の社長から、「男の子として生まれてきた佐藤かよだからこそできることがきっとあるよ」

と、背中を押された話を告白していた。

もちろん、幼い頃からの葛藤は今も何かしら続いていることだろう。そんな葛藤を40年以上、抱えてきたのがＫＡＢＡ．ちゃんだ。平成８年、小室ファミリーの３人組ユニット・ｄｏｓの一員としてデビューし、振付師としてもＳＭＡＰの『世界に一つだけの花』をはじめ、数々の実績をあげてきた。

しかし、性同一性障害にも悩まされ、平成26年、性適合手術を受ける準備を始めたことを告白した。リストラされたうえ、重病にかかってしまった姉に「あなたは後悔のないように生きて」と言われたのがきっかけだ。

「性適合手術をするには年齢的に遅いほうだけれど、人生の折り返し地点。残りの人生、どこまで女性らしくなれるか挑戦したいんです。老いに負けるのが先かもしれませんけどね（笑）」

と、インタビューで語り、平成28年、手術を受けた。晴れて戸籍上も「女性」になり、名前も椛島永次から「**椛島一華《いちか》**」に変更。再スタートを切ったのである。

ちなみに、椿姫によれば、性同一性障害者は「平均寿命が40歳くらい」という説もあるらしい。自殺する人が多く、性適合手術にもリスクや後遺症がともなうからだ。


それにしても、彼（彼女？）らはなぜ、そこまで美にこだわるのか。それはやはり、男らしさと女らしさの挾間で翻弄され、自分を醜い存在に感じたりして、美についても考えることが多かったからだろう。そこを端的に表現したのが、**オネエ系一発屋の代表格、米良美一**のこんな言葉だ。

「中性化することによって、感性が神へと近づいてゆく」

これを誇大妄想的だとして、笑うのはよそう。性の問題に翻弄されるがあまり、性のない状態、すなわち「中性」こそが理想だという境地にも達したのだろうから。ただでさえせつない一発屋という存在にあって、この人たちのせつなさは格別である。

おバカと野球と一発屋 その不思議な縁

羞恥心、Pabo、新撰組リアン

平成20年「おバカ」が大ブームになった。仕掛けたのは、島田紳助。自らが司会を務める『**クイズ！ヘキサゴンⅡ**』で珍回答を連発する若手タレントたちをおバカ系としてブレイクさせ、CDデビューまでさせてしまったのだ。

なかでも中心的存在だったのが、**つるの剛士**、**上地雄輔**、**野久保直樹**から成る**羞恥心**。グループ名は上地が番組で出題者になったとき、

「羞恥心で紅潮した際に顔から出るといわれるものは？」

という問題文の「羞恥心」を「さぢしん」を読み間違えたうえ、3人そろって「羞恥心」の意味を知らなかったことに由来する。80年代アイドルポップス風の脳天気なメロディーにのせ「♪しゅーちしん、しゅーちしん」とバカのひとつ覚えみたいに繰り返すデビュー曲『**羞恥心**』は年間5位の大ヒットを記録した。

大晦日には前年にデビューしていた、**里田まい**、**スザンヌ**、**木下優樹菜**から成る**Pabo**（グループ名は韓国語で「バカ」の意味）とともに『紅白』に出場。応援として同じヘキサゴンファミリーの**小島よしお**、**波田陽区**、**ダンディ坂野**、**金剛地武志**といった「**一発屋2008**」（84頁）の面々も駆けつけた。

おバカブレイク以前の里田まい（左下）。右端の紺野あさ美も夫はピッチャーだ。（Zetima EPCE-5219）

そう、**紳助はこの時期「おバカ」と「一発屋」を並行してプロデュースしていた**のだ。おそらく、そこに愛すべきマヌケさという共通項を見て、相性が合うと考えたのだろう。ファミリーの作品の大半は、昭和を代表する一発屋、元アラジンの**高原兄**が作曲し、カシアス島田こと紳助自身が詞をつけた。また、羞恥心とPaboによるユニットを「Aladdin the second」と名乗らせるなど、その「おバカ」と「一発屋」への偏愛が大衆にも受け容れられ、不思議な熱狂を生み出していたのである。

✹野久保直樹はなぜ置いていかれたか

さらに、隠し味的なキーワードがもうひとつ。それは「**野球**」だ。

Paboのスザンヌはのちに、ソフトバンクのエースだった斉藤和巳と結婚、同じく里田は楽天の田中将大と結婚した。羞恥心の上地は、横浜高校で松坂大輔とバッテリーを組んでいた過去を持つ。6人中3人が、日本有数のピッチャーの「女房」を務めているというのは、瞠目すべき事実だろう。しかも、プロ野球選手になっていたかもしれない男までいる。静岡の興誠高校時代、ドラフト候補だった**野久保**だ。

ただ、6人中唯一、表舞台から消えてしまったのもこの男。ほかの5人との差は歴然としている。上地はソロとしても二度『紅白』に出場して『上地雄輔ひまわり物語』という自伝ドラマまで作られたほどだし、つるのはカヴァーを得意とする歌手及び子沢山タレントとして重宝されるかたわら、最近は『バカだけど日本のこと考えてみました』という政治本を出した。ユッキーナこと木下は芸人・藤本敏史（ＦＵＪＩＷＡＲＡ）の妻となり、ママタレとしてもカリスマ的人気を獲得。里田はメジャーリーガー夫人だし、スザンヌも離婚したとはいえ、シングルマザー枠で生き残っている。

ではなぜ、野久保はほかの５人のようにはいかなかったのか。もともと羞恥心でも、シブがき隊のフックン的ポジションではあったのだが（そういえば、デビュー曲は『ＮＡＩＮＡＩ16』っぽかったっけ）そのうえ、ちょっと不器用だった。ブレイクのさなかにも、自身のブログで、「心が折れそうです…（略）１番近くの味方が味方じゃない気がして、僕は一人で現場にむかっている」

と書き、マネージャーがころころ代わることに悩んでいることが明るみに。『紅白』から４カ月後には、やはりブログで事務所からの独立をほのめかし、天下のナベプロを怒らせてしまった。７月の『26時間テレビ』のフィナーレでは事情を知る紳助に「（野久保は）明日から旅に出ます」と同情まじりに茶化され、それっきりテレビの仕事を干されることになる。

その一年後『週刊文春』に直撃されると、「最近は舞台が中心です。生モノが一番伸びるかな、と。羞恥心のメンバーや紳助さんとはちょこちょこメールで近況を報告してます。『忙しそうですね』とか。おバカキャラを捨てる？　いや、僕の場合、キャラというより、もともとの自分なので、変えようがないんですよね（笑）」

自虐的に語っていたものの――。翌年、致命的な出来事が勃発する。**紳助が暴力団との交際**

疑惑などから芸能界を電撃引退。おバカブームも終結してしまった。それでも「さわやかバカ」「香田晋の後継者」などと絶賛してくれたこの大物が残っていれば、たまにはテレビに呼ばれていたのだろうが、使ってくれる人がいなくては話にならない。萩本欽一失速以降の欽ちゃんファミリーがそうだったように「おバカ」だけでやっていけるほど、芸能界は甘くないのだ。思えば、天然ボケと音楽の合体ということ自体、あの「リズムネタ」（194頁）同様、ハイリスクハイリターンな劇薬だった。

なお、羞恥心デビューの翌年には『人生が変わる1分間の深イイ話』から「新撰組リアン」が誕生。イケメンにおバカ、そして京都の町おこしを絡めた5人組ユニットだが、こちらは大ブレイクとはいかなかった。紳助が調合する劇薬も、消費期限がすでに切れかけていたようだ。

秘境化する演歌とムード歌謡 そこを目指す探険家

『海雪』ジェロ、『六本木〜GIROPPON〜』鼠先輩、「右から〜受け流すの歌」ムーディ勝山

平成30年、タレントのオスマン・サンコンと演歌歌手の北山みつきの結婚が報じられた。彼にとっては第3夫人で、母国ギニアでは4人までOKらしい。5人目からは不倫になる、かどうかはさておき、これがニュースになったのは、黒人と演歌のコラボが面白いからだろう。

✹「日本人好み」をくすぐったジェロ

で、思い出すのが、**平成20年**に『**海雪**』をヒットさせた**ジェロ**。こちらはひとりで、そのコラボをやってみせた。米国ピッツバーグ生まれで、黒人の血が4分の3流れるクオーターでありながら、新潟・出雲崎を舞台にしたご当地演歌を流暢に歌いこなしたのだ。年末には、**日本レコード大賞の最優秀新人賞**を獲得し『紅白』にも出場した。

ジェロことジェローム・チャールズ・ホワイト・ジュニアが演歌に親しんだのは、母方の祖母の影響。美空ひばりや五木ひろしが好きになり、米国の大学を卒業後、本格的に来日した。英会話学校「ＮＯＶＡ」の講師や特技であるパソコン関係の仕事をしながら『のど自慢』やカラオケ大会に出場するうち、スカウトされ、デビューを果たす。

その成功の最たる理由は、彼の歌唱力やデビュー曲の出来もさることながら、黒人が演歌をやるという意外性だろう。たとえば、こんな発言から伝わる人となりに、多くの日本人は好意を抱いたのだ。

「大好きな歌の道を目指していたので、苦労とかを感じたことはありません」

「おばあちゃんからもらったきゅうりの糠漬け。ちっちゃな時から、箸を使って食べていました」

「歌い方のテクニックでも『節回し』とか『こぶし』とか名前の付いたもの以外に、名前のないちょっとしたコツみたいなものもたくさんあるんですよ」

日本は島国で、固有の言語を使い、独特の文化を育んできた。そのせいか、海外に対し、さびしがりやな国民性を持つ。**外国人に日本らしさを褒められたり、日本らしいものに挑戦してもらったりすると、大喜びしてしまう**のである。相撲に落語、そして演歌。そんな国民性を知り抜いていたのが、ジェロを仕掛けた秋元康だ。

この平成を代表するプロデューサーは「黒人演歌」がウケることを見越したうえで、和と洋を巧みにブレンドした。ラッパー風のファッションや曲間のダンス、渋谷HMVでのデビューイベント……。そのくせ「イロモノ」には見られないよう、メディア露出も工夫し、ボビー・オロゴンのようなタレントとは共演させないようにしているという噂も流れた。

こうした戦略は、昭和50年代にターバン姿で『**面影の女**』をヒットさせた**インド人歌手**の**チャダ**からもヒントを得たのだろう。また、秋元自身が手がけたとんねるずのパロディ演歌『雨の西麻布』（昭和60年。こちらはお笑い芸人が演歌をやるという意外性だ）での成功体験が生きたともいえる。

ただ、二作目以降は尻すぼみになり、むしろ売れたのはカバーアルバムだった。ファンが求めたのは、新たなオリジナルよりも過去の名曲だったわけだ。これもジェロの個性より、黒人プラス演歌という意外性がウケていたことのあらわれだろう。

しかも数年後、カバーが得意な後輩が登場する。米国サンフランシスコ出身の**クリス・ハート**だ。**平成24年**『のどじまん ザ！ワールド』に優勝して、翌年、木山裕策の『ｈｏｍｅ』をカバーしてデビュー。『紅白』では松田聖子と共演し、その後もカバー中心に活動を続けた。

が、平成30年、育児や勉強を理由に活動休止。そんな矢先、ジェロがＮＨＫの歌番組『**うたコン**』に出演した。これはてっきり、後輩がいない間に椅子を奪い返しにきたかと思いきや、さらにあらず。こちらもＩＴ企業への就職を理由に活動休止してしまったのだ。

そんななか、同じくＮＨＫの『ごごうた』に**ブラジル人演歌歌手・エドアルド**が登場。『じょんがらひとり旅』を歌った。今後、**歌謡界の「変なガイジン」**枠を獲得できるかどうか、気になるところだ。

それはさておき、ジェロ本人はデビュー前「企画もので終わっちゃうんじゃないかという不安」も抱いていたと語っている。長い目で見れば、それも的中した感じだが、むしろよかったかもしれない。日本らしいもので外国人が活躍しすぎるのはちょっとイヤ、という国民性も日本人にはあるからだ。一発屋ゆえ、嫌われずに済んだともいえる。

✹冷静だった(?)鼠先輩

さて、ジェロの『海雪』が独走していたこの年の演歌チャートで、それを抜いたのが『**六本木〜GIROPPON〜**』だ。歌ったのは**鼠先輩**。こちらはもう、最初から一発屋っぽかった。パンチパーマに色つきサングラス、ダブルの白スーツというヤクザ風ルックス、それでいて「**ぽっぽぽぽぽぽぽぽっぽ**」というフレーズが妙にキャッチーなムード歌謡。本人も『サイゾー』でこう語っている。

「**一発屋だってのは、最初から自分でもわかってましたからね。**（略）こりゃ、ウーパールーパーとかそういうノリで見られてるんだなってのは、客観的にわかってたんですよ」

当たった理由についても、

「ジェロが売れてて『変わった演歌歌手』っていう枠ができたり『ポニョ』が人気で『ポッ

ポ』っていう似たような語呂でついでにウケたり（笑）」

と、冷静に分析。ブルーハーツに憧れて岡山から上京したものの、ティッシュ配りからペンキ塗装、ウエイター、キャバクラのボーイ、ＡＶ監督兼男優などさまざまなバイトで食いつなぎ、コミックバンドを経てようやく日の目を見た35歳の男には、この人気が長続きするとは思えなかったのだ。

それゆえ、一発による収入に対してもいさぎよかった。女性週刊誌のインタビューによると、

「高いものを食べて、高い酒を飲んで、あとは女性。とにかく女性が好きだから。お金は全部シモから流れてしまいました。それにいろんな人が寄って来て、お金を貸したら戻ってこなかったですね」

しかも、翌年6月「思ったよりも儲からないから」と引退宣言。年内いっぱいで芸能界を去ったのだが……。半年もしないうちに、ＫＩＮＣＨＯのＣＭで復活した。ダンディ坂野との共演で、一発屋がよくやらされる自虐的な内容だ。本人いわく、**引退しては復帰する「大仁田厚方式」**だそうで、このあたりも一発屋らしい。

ちなみにこの人、2児の父でもあり、一緒に遊園地などにも行くというが、

「スーツじゃ行きませんよ。これで行ったら誘拐犯ですから」

だったら、キャラごと変えればよさそうなものだが、そこは一発当てた人のつらさ。たまに来る鼠先輩としての仕事に応じられるよう、髪型も費用のかかるパンチパーマを維持し続けている。ここ数年、本業のようになっているスナックの名も「ネズミーランド」や「飲鼠（のみーまうす）」。ブレイクしたのも子年だし「鼠」ひと筋の人生だ。

✹ムーディー勝山のしぶとさ

そんな「先輩」も、ムード歌謡系一発屋としては、この人の「後輩」にあたる。前年『**右から来たものを左へ受け流すの歌**』を大流行させた**ムーディ勝山**。もともと「勝山梶」という漫才コンビのひとりだが、このおかげでピンで売れっ子となり『エンタの神様』や『爆笑レッドカーペット』などで活躍した。

「ちゃらちゃっちゃっちゃらっちゃ～」と口で前奏して「右から右から何かが来てる～僕はそれを左へ受け流す～」とうたいだすこの歌ネタは、**平成18年**、先輩芸人・ダイアン津田の結婚式で余興として披露されたもの。そのためか、白のタキシードに蝶ネクタイが「ステージ衣裳」になった。この年末年始からネタ番組で火がつき、着うたとしても爆発的にヒット。バラエティはもとより、エプソンのＣＭで長澤まさみと共演したりして、都内のタワーマンションに住むほどの成功を手にしたのだ。

大晦日には『紅白』に前川清の応援ゲストとして登場。曲目は「右から左へ」でよくオチに使う『東京砂漠』ではなかったが『そして神戸』のバックコーラスを務めた。母親には「紅白出場歌手」と書き添えたサイン色紙をせがまれたという。

だが、これが彼のクライマックスだったかもしれない。『週刊女性』の一発屋特集では、こう振り返っている。

「一発屋にも段階があって、**年を越すと急に『去年の人感』が出る**んですよね。そうすると地方の仕事が増えて、その半年後にはラジオが増える。そして最終的には営業ばかりに。だけど、この変化を自分ではなかなか受け入れられないんですよね。僕が認めることができたのは、有吉弘行さんに『お前は一発屋だよ』と言ってもらってからでした」

おかげで下積み時代からのつきあいという女性との結婚も先送りに。じつは絶頂期にあいさつに行ったものの、もっと売れるつもりで「一人前になったら」と言ってしまい、4年後に土下座して認めてもらったという。

ただ、それなりのところにとどまれたのは、地方の仕事、特にラジオが大きかった。また「**売れてないエピソード」をあえてしゃべり始めたのが「一発屋あるある」**として面白がられることに。それに加え、バラエティになんとか映りたいという一心でロケバスの免許を取る、という斬新な行動にも出た。

彼はそんな自分を競馬馬にたとえ、こんな抱負を語っている。

「地方馬として新たな力を身につけたら、また東京で走りたいですね。馬と違って人間は寿命が長いので、末永く頑張ります」

とはいえ、ムード歌謡好きとしては、彼のネタはいまいち物足りなかった。歌唱力も含め、少々ゆるいというか、雑な印象も受けたのだ。そこが親しみやすさにもつながったのだろうが……。

しかし、今回、資料をあたっていて、その考えを改めた。ブレイクした年の12月に出た「ムーディ勝山が水族館をプロデュース」という雑誌記事がきっかけだ。その会見に、さかなクンとともに登場したムーディ。後ろには、透明なパイプでつながったふたつの水槽がある。そこで彼が「右から来たものを左へ受け流すの歌」をうたいだすと――。

魚たちが右の水槽から左の水槽へと、泳いで移動し始めたのだ。さかなクンいわく「群れで明るい所に移動する習性」のあるデバスズメダイを使ったのだとか。こういうバカバカしいイベントができてしまうのだから、彼のネタはやっぱり最高だったのだと思えたのである。

ジェロや鼠先輩も、またしかり。演歌やムード歌謡が、平成では秘境化・キワモノ化しているようなのはさびしくもあるが、なんだかんだ面白がられるうちが華なのではなかろうか。

ジブリ映画にコスプレCM ゆとり世代の超早期リタイア

『崖の上のポニョ』大橋のぞみと藤岡藤巻、『たらこ・たらこ・たらこ』キグルミ

昭和の終盤からヒット作を連発して、日本文化を代表するひとつになった**ジブリ映画**。音楽的にも独自の展開をして、**米良美一**をはじめ、多くの一発屋が生まれた。**井上あずみにつじあやの、木村弓、手嶌葵**……。なかでも印象深いのが「**藤岡藤巻と大橋のぞみ**」だ。

✹「ポニョ」で国民的ヒット

平成20年に公開された**『崖の上のポニョ』**の同名主題歌を担当し『紅白』にも出場。それを最後に解散した、という意味でも、一発屋らしい一発屋である。

ただし、藤岡藤巻のふたりにとっては初のヒットではない。昭和49年に3人組コミックバンド・**まりちゃんズ**のメンバーとしてデビュー。『ブスにもブスの生き方がある』や『尾崎家の祖母（おざきんちのばばあ）』などを生み出した。解散後には、藤巻が結成した「すみちゃんとステゴザウルス」に藤岡が作品を提供。昭和56年の『キャンパス・レポート　もっとクリスタル愛の屈折編』は早すぎたＢＬソングの傑作だ。

これと前後して、藤岡はレコード会社に、藤巻は広告代理店にそれぞれ就職。本業のかたわら、平成17年から「藤岡藤巻」として活動していたところ、藤巻がジブリの宣伝を担当していたことから、この主題歌にめぐりあうのである。

一方、大橋のぞみは3歳から子役として活動。この曲との出会いは、8歳のときだ。できあがったばかりの主題歌をためしに歌ってみるように言われ、その素朴でたどたどしい歌いっぷりに感動した監督の宮崎駿が即決して抜擢したという逸話がある。さすがにソロでは頼りないと思ったのか、父と娘が歌うかのような構図を着想。藤岡藤巻と組ませたわけだ。

こうした経緯から、宮崎にとってこの主題歌はひとつの理想型であることが想像できる。『崖の上のポニョ』という映画自体、他の彼の作品に比べ、メッセージ性やドラマ性の稀薄さが指摘されるが、そのぶん、世界一成功したロリコン系おたく（同類としての褒め言葉である！）としての夢が濃密に反映されているのだろう。

そんな夢ものせたこの曲は、ジブリの主題歌史上最大のヒットを記録。当然ながら、３人の運命を大きく変えた。

藤岡は急に忙しくなったのが災いしてか、鬱病で11月に活動を休止。翌年復帰したものの、それゆえ『紅白』本番には登場していない。藤巻は『ミュージックステーション』に出演した際、レミオロメンの藤巻亮太にかかった声を自分のファンからだと勘違いして、手を振るという恥をかいた。

そしていきなり、**国民的子役になってしまったのが大橋**だ。『紅白』ではオープニングにも登場して『**切手のないおくりもの**』をひとりで歌った。コラムニストの今井舞は「北京五輪の口パク少女を想起させる」と揶揄したが、当時の史上最年少出場（のち、芦田愛菜が更新）でありながら立派に大役を果たしたのである。

藤岡藤巻と大橋のぞみ シングル『崖の上のポニョ』（YAMAHA MUSIC YCCW-30013）

その直前には、ソロアルバム『**ノンちゃん雲に乗る**』を出し、アニメ『アルプスの少女ハイジ』の主題歌『**おしえて**』をカバーするなどした（これまた、宮崎駿ワールド！）。翌年には同じクールの連ドラを２本掛け持ちするなど、女優としても引っ張りだこに。『紅白』にも今度はひとりで出場して、ソロアルバムの表題曲と『崖の上のポニョ』を披露した。ＣＭギャラは、無名子役の約１００倍という１本５００万円クラスにまで高騰していたという。

ところが、好事魔多しというべきか、平成22年『週刊文春』に「大橋のぞみちゃん、最近評判悪いよ」という記事が掲載された。小5の女の子にはずいぶん厳しいタイトルだが、取材記者のこんな証言が。

「彼女の過去の発言を調べてそのことを聞くと『そんなこと言ってな〜い』。周囲の大人が『あのとき、こうだったよね〜？』と助け舟を出すんですが『知らな〜い』『わかんな〜い』の連発。ちょっと疲れてたのかもしれませんが」

テレビ関係者の「初対面の人にはむくれて目も合わせなかったり」というコメントもあり、この記者も「初対面」だったという。

ただ、ここはこちらからも「助け舟」を出すとしよう。『崖の上のポニョ』を振り付けした濱田〝ｐｅｃｏ〟美和子によれば、彼女は「意外と恥ずかしがりやさんでもあるんです」とのこと。本人も、将来は芸能人ではなく「保育園の先生になりたい！」と言っていて、家や学校でのこんな素顔をのぞかせていた。

「ＣＭが流れてきたら、大声で『ママ〜』って呼んで気づかれないようにするし、友達にドラマを見たよっていわれるのも本当は嫌。だって恥ずかしいから。授業中に手を上げるのもたまにで、3カ月に2回くらいかな（笑）」

こういうところが、宮崎駿の萌えツボを刺激したのだろうし、取材対応のぎこちなさにもつながっていたのではないか。根っからの芸能人タイプとはとても思えず、芸能界への執着心もうすかった。その結果、平成24年「学業優先」を理由にあっさり引退してしまうのである。

✹キグルミのその後

これと似たケースが、**平成18年**に『**たらこ・たらこ・たらこ**』をヒットさせた**キグルミ**だろう。2年前から放送され、人気を博していた「キユーピー　あえるパスタソース　たらこ」のCMソングをCD化するにあたり、誕生した子役デュオだ。この曲はいきなりオリコンで2位になり、新語・流行語大賞のトップ10にも「たらこ・たらこ・たらこ」が選ばれた。

CMではたらこ仕様のキューピー人形の「キモかわいさ」がウケたが、本人たちは普通に可愛い小学生ふたり。年明けには『ミュージックステーション』で**ハルカ（遼花）**が大ファンだという山下智久の楽屋訪問をした。「料理上手な女性が好き」と聞き、すかさず「料理できます」とアピール。同じく山Pファンだった筆者の姪が羨ましがっていたものだ。この一件で満足したというわけでもないだろうが、半年後には学業優先を理由に卒業してしまう。

そこで、新メンバーがふたり加わったものの、翌年には**レナ（志村玲那）**も卒業。**これにより「たらこ」で一発当てたキグルミは事実上、終わりを迎えた**ともいえる。

その後、ハルカは父の仕事の関係で渡米。カリフォルニアに住み、芸能活動も続けているようだ。レナはキグルミの前に『あっぱれさんま大先生』にも出ていたとあって、もっと精力的に活動中。平成30年には、舞台『ため生き』で主役も務めた。雑誌の取材に、当時のかぶり物について「ものすごく頭が痒かった」「カメラが回っていない時はこっそり頭をかいていました」と語ったりしている。

ちなみに、**大橋やキグルミのふたりはいわゆる「ゆとり」世代**。引退や卒業という決断にも、そのあたりが影響しているのだろうか。ただ、同じ頃に芸能界でブレイクした子供たちのなかでも、男の子のスタンスは少し違う気もする。「**てじなーにゃ**」の**山上兄弟**はイケメン手品師コンビとして今も活躍中だし、小学生ながら漫才兄弟として『エンタの神様』にも出た**まえだまえだ**は、役者として是枝裕和監督の『奇跡』にダブル主演するなど器用なところを見せている。漫才コンビとしては休業中だが、またやりたい気持ちはあるらしい。

もっとも、子供時代に成功したからといって、そこからどう生きるかは自由。大橋の引退もゆとり世代ゆえというより、そんな自由を本人も周囲もよしとするようになった時代の反映だろう。これはファンにとっても悪いことではない。可愛いままの姿をずっと覚えていられるし、美しくなった姿を勝手に想像することもできるからだ。

たとえば、アイドルについても最近は大所帯グループの流行でその絶対数が増え、そのぶん、スキャンダルその他で幻滅させる人の絶対数も多くなってきた。テレビや雑誌の「あの人は今」で変わってしまったアイドルに再会するのは、ときにつらいものだ。**歌や芝居に一生を賭ける気がないのなら、早期リタイアを推奨したい**くらいである。

まして、大橋ほど素朴さが光った子はそうそういない。彼女は今、19歳。もし保母さんになったら園児の前で『崖の上のポニョ』を恥ずかしそうに歌ってほしいものだ。宮崎監督だって、そんな姿を想像して萌えていたりして……!?

息子の窮地に女将はささやく 及び「プロレスと一発屋」考

船場吉兆、空中元彌チョップ、ゴージャス松野、藤田紀子

日本中の人にあだ名を覚えてもらえるのは、国民的人気者であることの証しだ。が、**あだ名でしか覚えてもらえていないのは一発屋の証し**かもしれない。平成初期にドラマで当てた佐野史郎や中野英雄なども、劇中のキャラにすぎない「**冬彦さん**」や「**チョロ**」で呼ばれることが多く、名前はなかなか浸透しなかった（後者には今も一発屋のイメージがある）。事件系でいえば「**監禁王子**」や「**騒音おばさん**」の本名も誰も知らないだろう。

✸「ささやき女将」

そんな**あだ名と一発屋**を考えるうえで、趣き深いのが「**ささやき女将**」だ。平成19年に騒動化した食品偽装問題で、ときの人になった**大阪の高級料亭「船場吉兆」の女主人**である。あだ名がついたきっかけは、社長を務める長男とともに臨んだ謝罪会見。その直前に、長男は農林水産省の役人からこう言われたという。

「会見はきちっとあなたの言葉で対応しないと、今後の船場吉兆がどうなるかわかりませんよ」

これでよけいにプレッシャーを感じたのか、彼はそれまでの対応を釈明するはずの会見で何も言えなくなってしまう。そこで隣りにいる女将が、答えるべき言葉をささやきかけたのだ。

「頭が真っ白になっていた」「責任逃れの発言をしてしまいました」

　これがそのまま聞こえてしまい、ふたりはますます窮地に。こうして謝罪会見は失敗に終わった。

　ではなぜ、こんなことになったのか。平成30年に放送された『教えてもらう前と後』で、女将自身がこう説明している。

「マイクの性能がすごくよくなって、小さい声で話をしたことでも丸聞こえになるというようなことを全然認識してなかった。認識不足。そばにいる息子が言葉につまって、沈黙状態が続く、まさに断崖絶壁で今にもずり落ちそうな状態になってるのを、なんとかして助けてやりたいという一心がささやきの言葉になってしまった、ということですよね。残念でたまりません」

　じつはふたり、弁護士の指導のもと、会見のリハーサルを事前に何度も行なっていた。女将は当時70歳でありながら、客の名前をすべて覚えるという抜群の記憶力を誇っており、長男が忘れている模範回答をささやいてしまったわけだ。

「ささやき女将、というふうなあだ名までつけていただいて」

　と、自虐的に振り返る女将。この会見はものまねのネタにもされた。とはいえ、笑いにつながったことで事件の深刻さが少し軽減された印象はあったのだが……。

　翌年、船場吉兆に再び不祥事が起きる。客の食べ残しの使い回しが発覚。これが大打撃となり、店はつぶれ、親子ともども自己破産に追い込まれた。

　このため、次男いわく「廃業以後家族はバラバラ」という状態に。それでも、7年前にこの次男が「湯木新店」をオープンさせ、料亭として再出発している。

ちなみに「湯木」というのがこの一族の苗字。女将の本名も「湯木佐知子」だ。しかし、彼女は今後も「ささやき女将」として記憶されていくことだろう。

✹なぜプロレス?

老舗の女将とその息子による騒動といえば、もっとメジャーなものも。**狂言の和泉元彌と母・節子**によるもろもろだ。ダブルブッキングをヘリコプターなどによる空中移動で乗り切ったり、能楽協会と対立して退会させられたり、ファンクラブをやめたのに会費を取られ続けたと元ファンから訴えられたり。そのつど、政治家の亀井静香に似たセッチーこと節子が「ささやき」どころか「わわしい（狂言でいうところのやかましい）しゃべり」を展開して注目された。

その威力は、上沼恵美子から出演NGにされたことがあるほど。その理由は、「元彌さんにしゃべらさんとひとりでしゃべるから、ちょっと遠慮してもらったんですよ、実は」というものだった。

ただ、ここでこの母子、特に元彌が一発屋だというつもりはない。狂言界での評価はよくわからないものの『はなきんデータランド』のMCに『紅白』司会、大河ドラマ『毛利元就』主演など、華麗なる実績の持ち主だ。にもかかわらず、どこか一発屋感が漂うのは、**平成17年のプロレス挑戦**が影響しているような気がする。

『週刊文春』によれば、相手の鈴木健想は世界タッグ王者になったこともある実力者。体格も191センチで118キロあり、170センチ63キロ（文春推定）で素人の元彌とは雲泥の差だ。にもかかわらず、セッチーこと節子は怪気炎をあげた。

和泉元彌 シングル『SIGNAL』※裏ジャケ 両側は姉だ（テイチクエンタテインメント TECE-12261）

「仕事がないから、注目度を高めるためにプロレスに参戦するとの声もありますが、それは違います。（略）確かに鈴木選手と体格差はありますが、狂言には相手との距離を取る空気感や間というものがあります」

としたうえで、10キロ以上の装束をつけ60センチ以上ジャンプする演目もあるのだから「長い歴史が支えてきた『狂言パワー』で勝ちますよ」と宣言。

実際、元彌は「**空中元彌チョップ**」という必殺技で見事に勝利するのである。

それがガチだったかどうかはともかく、そういうところがプロレスの楽しさなのだろう。たとえば、小室哲哉が借金で首が回らなくなった頃、プロレスの仕事をしたいと言い出したことがあるという。それを聞いたプロレス関係者は「それは面白い。小室さんならどんな必殺技がいいだろう」と本気で考えたというが、小室はあくまでプロレスの音楽を書きたいという思惑だった。要求に見合った額はとても払えないということで、この件は立ち消えに。しかし、どんな大物だろうと「来る者拒まず」という空気がプロレス界には存在するのだ。

それゆえ、**泰葉**や**カイヤ**、**ＬｉＬｉＫｏ**、**インリン・オブ・ジョイトイ**、**レイザーラモンＨＧといった面々もリングで活躍**。ここで思い出すのは、ナンシー関の「プロレスは何かほかのスポーツをリタイアしてから始めることも可能である」という指摘だ。「ほかのスポーツ」どころか、芸能系の仕事との両立も可能という特殊性。もちろんそこには、心身を鍛えぬいた「プロのプロレスラー」による絶妙なサポートも介在しているのだろう。

✷ゴージャス松野の本気

そんななか、本気でのめりこんでいったのが**ゴージャス松野こと松野行秀**だ。もともと、大手事務所の敏腕マネージャーだったが、沢田亜矢子との離婚トラブルを経て、職を転々。ホストやAV男優、演歌歌手、人生相談屋などをやったり、司法試験に挑戦したりもした。

平成13年には、マネージャーとしてプロレス界に入り、翌年、41歳でリングデビュー。平成21年にはこんな発言をしていた。

「プロレスラーは続けているのですが、心身ともにガタが来ていて、なかなか試合ができる状態には戻れない。(略)昨年末には、いきなり倒れて心肺停止状態になってしまいまして。心臓マッサージと気管切開で、なんとか一命を取り留めました」

そんな目に遭いながらも「リングに復帰したい」と宣言。2年後には実現しているのだから、たいしたものだ。

それを思えば、引退した力士がプロレスに転向することなど驚きでもなんでもない。46歳の**貴乃花光司**だって、充分に可能だろう。そういえば、この人の母・**藤田紀子**は平成を代表する「おかみさん」だ。三流女優から結婚と出産で一発当て、離婚後はピース綾部との年の差逆転愛などで食いつないでいる。

また、貴乃花が何か騒動を起こすたび、もう長年会ってもいないのにテレビに出ては発言している。**息子の代わりにしゃべりたがるのは「女将」というものの習性**なのかもしれない。

キレ芸、つぶやき、コスプレ、一発ギャグ……女芸人死屍累々

「どーでもいいですよ」「っていう女」「あたしだよ」「グ～！」

『エンタの神様』が牽引した平成中期のお笑いブーム。そこでは、女芸人も脚光を浴びた。**平成16年**には、すでに触れた友近に加え、青木さやか、だいたひかるがブレイク。これはなかなか画期的なことで、年明けに『週刊女性』がこんな特集を組んでいる。

「女ピン芸人3者3『毒』!!」

友近はなりきり芸、青木はハイテンションなキレ芸、だいたは歌いながらのつぶやき芸だが、それぞれに「毒」があり、そこが女性たちにウケているという見立てだ。実際『笑いの金メダル』のプロデューサー・藤田和弥がこんな分析をしている。

「彼女たちは時には代弁者であり友人であり、先輩。日常のストレスが、等身大の女性芸人によって発散されているのです」

ただし、**青木やだいたは一発屋に終わった感がある**。その理由については『エンタの神様』のプロデューサー・五味一男の友近評から考えてみたい。

「青木やひかるちゃんとは全くタイプが違い、アーチストっぽい人です。（略）このこだわりは男女問わず『エンタ』の出演者の中でもナンバーワンですね」

これに対し、青木については「とても従順な子」としたうえで、こんなエピソードを。

「初出演の時はクオリティを高めるために5回も撮り直しました。これは伝説になってますよ（笑）」

芸人のウケそうなところを引き出し、思い切り加工する「エンタ」システム。両親が小学校教師だという彼女はそれにうまくハマったのだろう。ただ、そこから自分で発展させるオリジナリティに欠けていたのかもしれない。

また、だいたについてはこうだ。

「ひかるちゃんは本当に、普通の女の子。今でもお見合いパーティーとか行っちゃうんですから。彼氏が欲しいらしいですよ（笑）」

✹女芸人が失速するのは――

この話もじつは深い。**女芸人がダメになるきっかけは「男問題」であることが多い**からだ。

たとえば、平成元年から8年間にわたって冠番組を持つなど、史上最も成功した女芸人とされる山田邦子にしても、失速の原因は不倫スキャンダル。会見では芸能リポーターの井上公造に「お前もてないだろう」と言い返して、墓穴を掘った。詩人のバイロンに「男の恋は生涯の一部だが、女の恋は全生涯だ」という名言があるが、そのぶん女性は恋によって全人格を判断されたりもするのだ。

だいたもこの翌年、放送作家と結婚したが、番組で共演したダンサーとの不倫疑惑などがもとで1年後に離婚。その直後、

「年が明けたと思ったら、人生の幕が閉じてました。今年はバツイチで冗談をいっていきたいと

思います」

と、開き直ってみせたものの……。彼女のキメ台詞でいえば、ファンのほうこそ「♪どーでもいーですよー」である。

一方、青木も平成16年に『ロンドンハーツ』で彼氏の写真を公開。そのあたりまでは笑えるネタで済んでいたが、翌年『ウ・ヴォアイエ・ヴ』というセミヌード写真集まで出してしまった。タイトルは彼女のキメ台詞「どこ見てんのよーっ！」のフランス語訳。話題性でけっこう売れたが「どこ見りゃいいんだよ」というツッコミも入った。平成19年にはダンサーと結婚。こちらは5年後に離婚することになる。

離婚はもとより、自分のなかの「オンナ」を変にアピールするのもマイナスなのだろう。女性ファンたちもそういうのを見たいわけではなく、あくまでネタとしての「毒」を楽しみたいのだから。

そういう意味では、友近も一時、危なかった。なだぎ武とのカップル芸には、引く人もいたのだ。幸か不幸か、破局したことでそういう声もなくなり、芸人としての生き残りに成功する。

✸コスプレで当てたふたり

さて、前出の特集記事には『エンタ』の五味プロデューサーによるこんな予告もあった。

「それに女性ピン芸人は彼女たちだけではありませんよ。名前は明かしませんが、今年ブレイクする子が何人かいます」

事実、このあとも『エンタ』はピンの女芸人を輩出した。まちゃまちゃとにしおかすみこだ。

ふたりに共通するのは、コスプレ。まず、**まちゃまちゃ**はパンキッシュなモヒカン頭で「怒りの熱血プロレスラー」**摩邪（マジャ・コング）**に扮し、キレ芸で人気を得た。プロレスのマイクパフォーマンス風に「ひと～っ！　○○○○って言う女」「ハァ？」とつなぎながら、むかつくものをディスっていくわけだ。

彼女はこれを下積み時代のキャバクラでのバイトから思いついたという。女性週刊誌のインタビューによると、

「プロ根性を持ってホントにガンバっているキャバ嬢の方には申し訳ないですけど、学生とかの腰かけキャバ嬢とかはホントむかつく。（略）ホント、殺してやろうかと思いましたね（怒）。まあ、ソイツらの生態がおもしろいんでネタにしていたら『エンタ』から声がかかったんです」

と言いつつ、じつはかなりのビビリだったり、資生堂のＣＭにモヒカンではない意外と美人な顔で出演したり、氣志團の綾小路翔とは「中学時代のヤンキー仲間」という業界内コネクションも持っていたり。それでも第一線を維持することはできなかった。最近は、スナック経営などもしているようだ。

一方、**にしおか**は「**マイナスオーラの女王様**」というＳキャラでブレイク。ボンデージファッションで鞭

を手に「にしおかぁーすみこだよぉっ」「〇〇ってのはどこのどいつだ〜い」「あたしだよ‼」などと叫んで売れっ子になった。

ちなみに、最終学歴は青山学院大卒業。にもかかわらず「いつのまにかSM嬢になっていた」と親に勘違いされたというが、おかげで月収500万円という高みまで登りつめたのだ。

とはいえ、ここに行き着くまでにはさまざまなキャラを試行錯誤。なかには「花の妖精」という真逆なものもあった。そのせいか、トークで本当は「Mキャラ」だと明かしてしまうなど、詰めの甘さも目立った。そもそも、このネタ自体、レイザーラモンHGから着想したもの。**一発屋を真似ても、一発屋になるのがオチ**だ。

平成19年の暮れには、ブログに「人生で、はじめて忙しい年末」だとして、

「なかなか、忙しいというものになれなくて、毎日テンパっています」

と書いたが、おそらくこれが最後の「忙しい年末」になっているはずだ。それ以降は落語に挑戦したり、マラソンをやったり。**なぜか走りたがる一発屋**（例・**森脇健児、猫ひろし**など）**の系譜**に加わってしまった。

それはそうと、まちゃまちゃやにしおか、さらに青木やだいたなどは、芸風的にも生き残りが難しいのかもしれない。毒や暗さがどうしても目につくからだ。逆に、**一発屋になりそうでなっていない芸人**のひとりに、**いとうあさこ**がいる。以前『メレンゲの気持ち』か何かで持ちネタ（『タッチ』の南ちゃんに扮するやつ）を披露したとき、同じくゲストだった伊東四朗はひとこと、こう賞賛した。

「いいねぇ、うん、芸が明るい！」

女芸人の場合は特に、こういうところが大事なのではと感じてしまう（ちなみに『エンタ』でのいとうのキャッチコピーは「陽気な負け犬芸人」だった）。

✹遅咲きの一発だったものの

では、この時期ラストに出現した**エド・はるみ**はどうだろう。平成20年、親指をつきたてながらの**「グ～！」を繰り返す芸で遅咲きの一発**を放ち、夏には『24時間テレビ』のマラソンに挑戦。**新語・流行語大賞の年間大賞**にも輝いた。

そのキャリアは長く、芸人になる前の出川哲朗と一緒に小劇団で芝居をしていたほど。出川いわく「ヒロスエに似ていて、マドンナ的存在だった」という。その後、コンピューターインストラクターやマナー講師をしていたが、40代になり、お笑いを志して吉本興業の養成所に。年齢ははるかに上でも、いちばんの後輩としてスタートしたわけだ。

にもかかわらず、芝居の公演では、

「芸人としてはあなたが先輩ですが、女優としては私のほうが上ですから」

などと言い放った、というエピソードも。芸風同様、かなり押しの強い、前に出る性格なのだろう。

そんな人が、その年を代表する一発を放ったのだ。天狗になっている、という報道も出た。その真偽はともかく、疎ましく思った同業者や鬱陶しく感じた視聴者はかなりいたに違いない。わかる人にはわかるだろうが、芸風もキャラもそういう感じだったのだ。

その一方で、司会や女優としてもいけるのではと期待もされていた彼女は、あっけなく消えた。

RIZAPでダイエットしたり、小池塾に通って政治に関心を示したり、いかにも一発屋っぽい姿は見せているものの、それだけだ。

ただ、それは44歳での一発という年齢的な問題も関係していただろう。女芸人の場合、男芸人から可愛がられるかどうかが意外と重要で、山田邦子が冠番組を持てるようになったのも、ひょうきんファミリーの妹分的な存在だったことが大きい。また、野沢直子が帰国するたびにテレビに出られるのも、ダウンタウンやウッチャンナンチャンと一緒に『夢で逢えたら』をやったからだ。そんな**可愛がられてナンボ**の究極が、平成初期に「だっちゅーの」で一発当てた**パイレーツ**だったりもする。

とまあ、この時期の女ピン芸人については死屍累々という印象もあるが——。ここ数年、登場した後輩たちは明るさや可愛げといった女芸人に求められる要素をうまくアピールしているように思う。**柳原可奈子**に**平野ノラ**、**横澤夏子**、ピンではないが**ブルゾンちえみ**。意識的にせよ、無意識にせよ、一発屋になった先輩たちから何かを学んだのだろう。

遺伝子で一発　二世トホホ伝説
出世頭は神田沙也加!?

穂のか、IMALU、北野井子、三浦祐太朗、尾崎裕哉、森内貴寛

平成は二世の時代である。いや、いつの時代も二世はいるが、その前の昭和は史上まれに見る激動期だった。価値観がめまぐるしく変わるなか、新たな文化もどんどん生まれ、いわゆるたたき上げ的な大物のほうが目立つ時代だったのだ。

たとえば、昭和には田中角栄のような「今太閤」と呼ばれる宰相がいたが、平成は過去に名をなした政治家の子や孫がその座につくことが増えた。スポーツの世界でも、昭和のかつてのヒーローの二代目が（大成するしないはさておき）ファンを楽しませている。

そういう意味では、平成という時代そのものが昭和、特に「戦後」の二世みたいな気もしなくはない。

とまあ、大仰な入り方をしてみたものの――。なぜこんな話をするかといえば、**二世もまた、一発屋となりがち**だからだ。誰々の息子（娘）がデビューということで話題になり、一時的な活躍だけで消えていく人も珍しくないし、親とは違って一発当てるのに長いあいだ四苦八苦する人もいる。そんな「遺伝子で一発」系について、ここで触れたいのである。

✹3人の娘たちを比べてみる

まずは、穂のか。とんねるずの石橋貴明と元モデルのあいだに生まれ、平成19年、芸能活動をスタートさせた。当初は「石橋の娘」だということを隠していたが、翌年それが明らかに。おそらく、とんねるずに詳しい人は懐かしい気分になったことだろう。

というのも、平成2年に出たとんねるずのアルバム『ほのちゃんにはがはえた。』の「ほのちゃん」とは彼女のこと。ジャケット写真は、彼女の口元のどアップだ。また、ここには『7月31日に生まれて』という、彼女に捧げられた石橋のソロ曲も収録されている。見ず知らずの不特定多数に誕生日やら「はがはえた」やらの個人情報が知れわたってしまうのが、有名人の二世たるゆえんというか、一般人から見ればちょっと恥ずかしいところだ。

その恥ずかしさを増幅させるのが、石橋がその後離婚し、その成立とほぼ同時に鈴木保奈美と再婚したという現実である。穂のかは母とともに、しばらくハワイで生活。そんな経緯から、石橋は穂のかの芸能活動に及び腰だった。彼女のほうも父のことを隠したまま、日米韓合作映画『The Harimaya Bridge はりまや橋』(平成21年公開)の出演を勝ち取り『週刊女性』のインタビューでもこんな発言をしていた。

「父からも『協力はしないけど応援はする』といわれているんで、自分は自分の力でやっていきたい。父に弱いところは見せたくないんです」

しかし、この複雑な関係性がハプニングを招いてしまう。映画公開の3ヵ月後『バニラ気分!』にゲスト出演した穂のかは、司会のオセロ松嶋にこう言われたのだ。

「演技のことやったら、お母さんとも話ができはるやんか！」

この「お母さん」とはもちろん、保奈美のこと。松嶋の勘違いによる失言だ。同じく司会の今田耕司が空気を読んで「ヘイ！　無邪気」とツッコミを入れ、松嶋はおどけてみせたが、穂のかは苦笑するしかなかった。

これが原因というわけでもないだろうが、彼女はテレビにあまり出なくなる。ドラマや映画にキャスティングする側も、保奈美との共演は避けたいところだし、ちょっと使いづらいはずだ。親の因果が子に報い、とはまさにこのことだろうか。


ちょうどこの頃、穂のかについて『週刊文春』にコメントを求められた。この年、モデルとしてデビューし、何かと共通点の多かったＩＭＡＲＵとの比較記事だ。こちらは、**明石家さんまと大竹しのぶの娘**。「生きてるだけでまる儲け」という名前の由来（これも個人情報だな）はかなりの数の日本人が知っている。ただ、大きな違いはさんまが離婚後、再婚はしておらず、両親ともに娘を積極的にサポートしていたことだ。

そこで、こんなコメントをしてみた。

「ＩＭＡＲＵは両親が売れ続けている限り、誰もダメ出しは出来ない。七光りどころか、十四光り。穂のかは石橋が表立って協力しないので、コケたら周囲も実力以上にゲタを履かせる必要がない。いわば三・五光り」

実際、ＩＭＡＲＵはその後、モデル以外に歌や芝居もやっているが、特に何も当てたわけではなく、それでいて確実に生き残っている。この原稿を書いている前の日も『金スマ』で石原良純や長島一茂とともに二世トークをしていた。この人ほど「**遺伝子で一発**」を体現しているケースもまれだろう。

一方、穂のかはストレスから舞台を降板するなど、順調ではない。現在は本名の「石橋穂乃香」で活動中。父親に「はがはえた」の頃みたいな親バカぶりをもっと示してもらえていたなら、運命も変わっていたのだろうか。

ただ、いくら**親バカの恩恵を受けても、本人がやる気を持ってなければどうしようもない**。というのが、**北野井子**のケースだ。**父はビートたけし**。平成9年にまず、映画『HANA-BI』で女優デビューした際、こんな流れだったと本人が明かしている。

「お父さんの映画に出ないかと言われたのは去年の4月半ばくらい。『お前はバカみたいな顔しているからちょうどいいや』と言われて、私がジョークで『うん、出る出る』とか返事したら本当になっちゃった」

北野組の常連には、40過ぎでようやくオーディションに合格した大杉漣のような人もいるのに、このあたりが大物二世のお得さだろう。翌年には歌手デビュー。プロデュース及び作詞作曲編曲がYOSHIKIで、プロモーションビデオの監督はたけしという、鳴り物入りの売り出しだった。

『スーパーJOCKEY』にゲスト出演したときには、たけしは「恥ずかしいなァ」と照れながら、同じくゲストだった和田アキ子に対し、こんな発言を。

「和田さん、うちの娘をよろしくお願いします」

これがツービート時代「寝る前に必ず締めよう親の首」などと毒ガスを吐いていた男かと疑うような親バカぶりだ。それが奏功して、デビュー曲『Ｂｅｇｉｎ』はそこそこヒットしたのだが……。

井子はすぐに飽きてしまったのか、半年で活動休止、米国に留学する。その後、平成16年に料理人の男性とできちゃった結婚したものの、ほどなく離婚。母子ともに、たけしが引き取るかたちとなった。

平成19年に『さんまのまんま1000回スペシャル』に出演したたけしは、こんな言葉を口にする。

「孫だからって感覚変えちゃいけないと思って『なんだこんなガキ』って言おうと思ってジーっと見てたら、意外にかわいいかもわかんないなって」

なんのことはない、井子のおかげでたけしの親バカ、じじバカぶりが天下に示されただけのことだった。

北野井子シングル『Begin』（avex trax AVDD-20251）

とはいえ、たけしはもともとそういう人でもある。平成3年には「替え玉受験」事件で進路を失った先輩芸人**なべおさみ**の息子・**なべやかん**をたけし軍団に入れたし、平成10年には親友・**逸見政孝**の忘れ形見、**逸見太郎**をいきなり映画『ＨＡＮＡ－ＢＩ』でデビューさせた。後者の場合、父がのこした大豪邸のローン返済で苦しんでいたところに手を差し伸べたかたちだが、太郎は俳優向きではなかったのか、11年後に『5時に夢中！』の司会で結果を出すまで苦労することになる。

✹親も子もミュージシャンの場合

平成20年には、**三浦友和・山口百恵**の長男・**三浦祐太朗**が「Ｐｅａｋｙ ＳＡＬＴ」のボーカル・ユウとしてデビュー。第一弾がいきなりハウス食品のＣＭソングになり、本人たちもそこに出演するなど破格の扱いだった。が、売り上げはいまいちで、バンドは2年で解散するハメに。それでも、ひとりで活動するうち、意外なところから浮上のきっかけをつかんだ。

平成24年、松山千春の自伝を舞台化した『旅立ち〜足寄より〜』に主演。最終オーディションに残った9人には、**鳥羽一郎の長男・木村竜蔵**や**シルヴィアの長男・中山貴大**もいたという。また、23歳以下という年齢条件にもかかわらず、祐太朗は27歳。話題性を狙った制作サイドの八百長疑惑もささやかれた。とはいえ、ギターのテクニックなども評価されたようで、彼はこのあと、松山のデビュー曲『旅立ち』のカバーでソロデビューも果たした。

しかし、これではまだ一発とはいかない。ブレイクにはやはり「七光り」が必要だった。平成29年、谷村新司のリサイタルにゲスト出演し『いい日旅立ち』を歌ったところ、これが好評で、百恵のカバーアルバムをリリースすることになったのだ。これを機に『24時間テレビ』などからカバー曲のオファーが。母親に相談したところ、

「親の名前を使ってもいい。チャンスなんだから出ればいいじゃない」

と、背中を押されたという。これに触発されたのが、**次男の三浦貴大**で、こちらは平成22年から役者として堅実にキャリアを積んできていた。親の名前を使いたくないという思いもあったが、

兄のカバーの反響を見て、バラエティでの二世トークを解禁。伝説的引退以来30年近く続いた私生活の話はタブーという「百恵のくびき」を終わらせたのは彼女自身の親バカだったわけだ。

ちなみに、祐太朗は大のアニヲタでもあり、バラエティではその手の話も披露。そういえば、落合博満の長男・福嗣のようにアニメ好きが高じて声優になった人もいる。アニメに限らず、昔から二世にはオタクが多い印象だ。おそらく文化的にも経済的にも豊かな子供時代を送れるからだろう。

祐太朗のカバーアルバムは日本レコード大賞の企画賞にも選ばれ、彼は『さよならの向う側』を歌った。これと似たケースはほかにもあり、**尾崎豊の長男・裕哉**もそうだ。14歳のとき、父の作品をさまざまなアーティストがカバーするトリビュートアルバムに参加。歌手・尾崎豊の「育ての親」ともいうべき、須藤晃プロデューサーの息子とともに『15の夜』を歌った。

その後は学業に専念したあと、インターネットラジオでDJをやったりしていたが、平成24年「尾崎豊特別展」にゲスト出演して『僕が僕であるために』をギターの弾き語りで披露した。そのときの記事には「社会起業家を目指し、音楽でさまざまな社会問題を解決することを夢見ているという」とあったものの、結局、父と同じシンガーソングライターの道を選ぶにいたる。

ただ、祐太朗と違うのは、偉大な親との性別だ。裕哉の場合、同じ男性であるため、よりいっそう比べられやすい。平成29年に『ミュージックステーション』に出た際にはカバー曲の『卒業』とオリジナルの『27』を歌ったが、スタンダードな名曲のあとで聴く自作の無名曲はいかにも分が悪かった。

ネットでの反響も「歌い方と声そっくり」「めっちゃ似てる」など、ものまね番組みたいなノリ。なかには「卒業よりオリジナルのほうが尾崎の魂を感じる」といったものもあったが、これとて父の面影を重ねたうえでの高評価である。このあたりが**二世歌手の宿命**なのだろう。

そこをかねてより危惧していたのが、祖父だ。裕哉が18歳のとき、こんな話をしていた。

「本心では歌手になりたいんだろうけど、父親が大きすぎるからね。本人も悩んでるみたいで『歌手になると、親父を超えられないから、もしなにか違うものがあれば』って。まして豊は、いちばんいいときに亡くなって、イメージも若いままだからね」

もっとも、海の向こうには**ジュリアン・レノン**や**ショーン・レノン**の例もある。音楽性や人生に、尾崎と通じるところのあるジョン・レノンの息子たちだ。こちらはともにそれなりの成果を挙げているように思える。裕哉にも、彼が彼であるための音楽を追求してほしいものだ。

そういう意味で、紆余曲折を経て自分の音楽を見つけたのが、**Taka（ONE OK ROCK）**こと**森内貴寛**である。**森進一・森昌子夫妻**（のち離婚）の**長男**に生まれ、まずは平成15年、ジャニーズのアイドルグループ・NEWSの一員として世に出た。しかし、デビュー翌月、学業専念を理由に活動休止、事務所も辞めてしまう。

デビュー前には『ミュージックステーション』でグループの話題作りも兼ねて『襟裳岬』を歌ったり（歌わされたり？）していたが、辞めたのがジャニーズだけに、芸能界でのやり直しは容易ではなく、それが彼の一発になるのではと感じていたものだ。

しかし、高校を中退してライブ活動をしていたところ、結成されたばかりのロックバンド・ワンオクに誘われ、ボーカルとして加入。アミューズに所属して、平成19年にはメジャーデビューを果たす。バンドは海外でのツアーもこなしつつ、アルバムでオリコン1位を獲得するまでに成長。平成29年にはNHKのスペシャル番組『19祭』で地上波にも初登場し、カリスマぶりを見せつけた。

これと同じように、**逆襲を成功させたのが神田沙也加**だ。**神田正輝・松田聖子夫妻**（のち離婚）**の一人娘**で、平成14年にSAYAKAの名で歌手デビュー。第一弾の『ever since』はオリコン5位を記録し、評価も悪くはなかった。たとえば、平成29年のAKB48選抜総選挙において「結婚宣言」を行ない、時の人となった須藤凜々花（当時、NMB48）は「必ず泣ける曲」にこれを挙げている。

ただ、SAYAKAがデビューした頃は、母親が世に出たときとは違い、歌の上手い女性アイドルはそれほど多く必要とされていなかった。しかも、ひと足先に松浦亜弥が売れていて「聖子の再来」などと呼ばれていたのだ。こうして彼女は失速を余儀なくされ、3年後に活動を休止する。そこには二世ならではの、こんな悩みも。

「声も似ているでしょう。母が歌っているから、私は歌わないほうがいいのかなと考えたことも、正直言ってありました」

SAYAKA シングル『ever since』（SONY RECORDS SRCL5500）

そんななか、彼女は自分にとっての「芸能」を見つける。休止の前年に出演した宮本亜門演出の舞台と、本名に改名して活動再開直後に出演した大地真央主演の舞台で、その楽しさに覚醒。さらに、大のアニメ好きであることからその仕事が来たときに備え、声優学校にも通った（二世にはアニヲタが多い説を実証する人がここにも！）。こうした興味や努力が、平成26年、ミュージカルアニメ『アナと雪の女王』のアナ役で結実するわけだ。

✹これが二世の生きる道

ところで、芸能界には「**二世会**」というものがあるらしい。平成24年の『週刊大衆ヴィーナス』によれば、**ＩＭＡＲＵ**や**穂のか**、**関根麻里**（父・関根勤）**長渕文音**（父・長渕剛）らがいて、中心で仕切っているのは**大沢あかね**。祖父はプロ野球界で「親分」と呼ばれた大沢啓二だ。ただし、あかねの祖母は大沢の前妻で、あかねの母も子供の頃に大沢家を出た立場。とまあ、かなり変則的な二世にもかかわらず、こういう会を仕切るのだから「親分」の血は争えない。

そんなあかねは、子役モデルとしてデビュー。『天才てれびくん』のてれび戦士や少女向けファッション誌のモデルとして活躍した。このあたりはのちの**岡田結実**（父・ますだおかだの岡田圭右）と似たパターンだ。

その後『クイズ！ヘキサゴン』でおバカタレントの先駆けとしてブレイク。さらに、平成21年には劇団ひとりと結婚して、翌年、有名ママタレというポジションも獲得する。

その翌月、芸能活動をあと押ししてくれていた祖父が死去。つまり彼女は、七光りが消えようとするタイミングで、次のステージへと進んだわけだ。物心つく前に父が蒸発して、水商売をす

大沢あかね シングル『夏目星』
［平成16年］（PYCM-3）

る母と二人三脚でのしあがってきた経験がこのサバイバル感覚を培ったのだろう。

これは二世が生きていくうえでのひとつの王道でもある。彼らはデビュー、もしくは生まれた時点ですでに何分の1かを当てているので、あとはそこから何分の1かずつ積み上げていくやり方だ。もちろん、いきなり親を超える一発を狙い続けるやり方もあるが、親が偉大であればあるほどそれは難しい。

それどころか、せっかくの七光りを台無しにしてしまうことも。そのあたりの話は、平成後期の4章で触れるとしよう。

一発屋は商品化し、あるいは古典に回帰する
一発屋2008
「3の倍数〜」「あると思います」「ととのいました」

平成20年、お笑い系一発屋の歴史に節目が訪れた。**島田紳助が仕掛けた「一発屋2008」の結成とデビュー**だ。

『クイズ！ヘキサゴンⅡ』に**波田陽区**をはじめ、一発屋芸人が出ていたことから、ユニットでの売り出しを提案。波田に**ダンディ坂野**、**小島よしお**、そして**エアギターの世界的名手・ダイノジの金剛地武志**が選ばれた。カシアス島田こと紳助が作詞し、**元アラジンの高原兄**が作曲した『**天下無敵の一発屋2008**』を歌い、姉妹グループ「**羞恥心with Pabo**」の応援とはいえ『紅白』にも登場することになる。

紳助にとって「おバカ」の次に目をつけたのが「一発屋」だったわけで、コンプレックスを商売にするという彼ならではの戦略だ。もちろん、一発屋に愛情がないわけではない。そもそも、昭和の漫才ブームで世に出て、仲間が次々と消えていったのを見てきた人だ。ヘキサゴンファミリーを手がけるにあたって、高原をパートナーにしたのも、このユニットの結成も、一発屋を再生した

ダンディ坂野 シングル『ゲッツだぜ!!』(UNIVERSAL J UMCK-5107)

い思いのあらわれでもあったのだろう。

ただ、このユニットは**「一発屋の商品化」を世の中に示すもの**だった。それまでにも、一発屋を売りにして食っている人はいたが、これはそういうやり方をひとつの芸として公式化したのだ。一発屋にとって、これは両刃の剣である。一発屋を名乗って生き残ることが正当化されると同時に、一発屋という存在の劇的であいまいな魅力がそこなわれてしまったからだ。

というのも、一発屋かどうかを判断するのは本来、世間のほう。もちろん、誰が次の一発屋枠に入れるかを予想するなどはでき、愉しみがなくなるわけではないが、枠に入るには事務所の政治力なども大きく影響するわけで、やや興醒めなことは否めない。一発当てたあとすぐに枠へ入ろうとする生き方もあっていいとはいえ、基本はあくまで二発目を狙い、**真のスターを目指した結果、消えたりくすぶり続けたりというのが、一発屋の哀しさであり美しさ**なのだ。

おりしもこの時期、ネタ番組のバブルがはじけつつあった。当然、行き場を失い、さまよい始める芸人もいたが、紳助のような大物に一発屋として公認されたダンディや波田、小島らに比べると、中途半端な気がしたものだ。一発屋の商品化は、商品になるかならないかという「格差」をもたらしたのである。

✹落語、詩吟、なぞかけ

ところで、**この年以降に登場した一発屋芸人には共通点がある。古典芸への回帰**だ。ネタ番組のバブルで、さまざまな芸が出尽くしたせいだろうか。

たとえば「一発屋2008」の出た『紅白』にも登場した**世界のナベアツ**。「3の倍数と3がつく数字のときだけアホになります」という数字と変顔を組み合わせたギャグを流行らせた。特に子供たちに人気で、運動会の玉入れでは玉を数える際、アホ顔をする子が続出したという。

芸人としての顔も多彩で、漫才コンビ「**ジャリズム**」のボケ担当でありながら、放送作家としても活躍。さらに、この一発から3年後、落語家に転身して「**桂三度**」となった。**平成30年**には、**NHK新人落語大賞**に輝き、

「もっといい芸人になりたいと我慢できずに始めた落語です。転校生でやってきましたけど、ぬるっとはできませんでした。後悔はなかったです。ずっと幸せでした。僕の勘は正しかった」

と、歓喜のコメント。芸人ならずとも、うらやましくなる才能だ。


世界のナベアツの翌年には、**天津木村**がブレイク。こちらは詩吟だ。といっても、たとえばこんな「**エロ詩吟**」である。

「♪ちんちんの長さ測ってみて〜出来るだけ長くあってほしいから〜金玉に突き刺さるくらいにして測る〜あると思います」

この「**あると思います**」は、新語・流行語大賞にもノミネート。『週刊女性』のインタビューでも「エッチの最中に、ネタを探しちゃうことは？」ときかれ、

「あると思います（笑）」

と、自ら答えていた。使い勝手のいい言葉だ。

松任谷由実がファンだと公言したり、ブームの5年後、詩吟を始めたというEXILEのATSUSHIが「エロのほうじゃないですよ」とテレビでネタにするなど、なかなかのインパクト

を残したのだった。

木村はその後、漫才コンビ「**天津**」での活動に戻ったが、入れ替わるようにして、平成22年、ピンで売れたのが**ねづっち**だ。漫才コンビ「**Wコロン**」を結成する前から趣味だったという「**なぞかけ**」が『アメトーーク』などで話題になり、ブーム化した。

「1時間に100回なぞかけできるかギネスに挑戦という企画は大変でした。1回あたり考える時間が10秒くらいしかないんですよ。だんだん頭が痛くなって気持ち悪くなってきて。その日は1日で200回くらい『ととのいました』を言いましたね」

この「**ととのいました**」はお題に答える準備ができたとき、何気なく言い始めたのが決め台詞になったもの。新語・流行語大賞でトップ10に入った。これがどんな年だったかというと、

「このころ、お題で多く出されたのは『鳩山首相』です」

ねづっちは鳩山由紀夫とともに、人生のピークを迎えていたわけだ。しかし、民主党政権が崩壊したように、Wコロンも平成27年に解散。現在はピンで活動している。

なお、芸能界に長く君臨した紳助も平成23年、暴力団との交際問題などから引退。一発屋芸人のあり方に新たなかたちを加えたことが、最後の大仕事となった。

まだまだいた、平成黄金期の一発屋芸人

★ピン芸人編

デッカチャン

▼デブキャラを生かした「デブあるある」が売り。「気づいちゃったマーチ」のゆるさと「僕みたいに太っている人は」という潔さが意外とクセになる。一発屋オールスターズ選抜総選挙（231頁）では8位。

ゆってぃ

▼昭和のアイドルっぽい扮装で、自虐的なエピソードを笑い飛ばす芸風。キメ台詞の「ワカチコ」は少年隊のヒット曲『デカメロン伝説』からの引用だ。

三瓶

▼『ボキャ天』と『エンタ』の狭間の時代に登場。「さんぺー、です」は藤原紀香ら有名人にもモノマネされ『SANPEI DAYS』で歌手デビューも果たした。『もしもツアーズ』のレギュラーとして、消えそうで消えないサバイバルに成功中!?

中山功太

▼「まもなく○○をお知らせします」の時報ネタで、平成21年の「R-1」優勝。鋭い切り口はかなりブラックでテレビ向きではないものの、本人はそれも納得ずくのようだ。

ハローケイスケ

▼アンケートを使って客席を巻き込み、微妙な空気の笑いを作る。『エンタ』終了後は吉本の「住みます芸人」となったが、行かされたのが網走というのがいかにも一発屋的哀しさ。

大西ライオン

▼劇団四季の人気ミュージカル『ライオン・キング』を真似た「心配ないさー!」でブレイク。かぶりもの芸人かつハダカ芸人でもある。数年前の正月、盛岡営業に来て、筆者の息子（当時6歳）がジャンケンをしたことが。

ゴー☆ジャス

▼宇宙海賊の扮装で地球儀を手に、国名や地名を使ったダジャレを連発。一発屋オールスターズ選抜総選挙では4位になり「嬉しいな、嬉しいな、ウクライナ!」と喜びをあらわした。

なかやまきんに君

▼筋肉芸人としては、先駆け的存在。筋肉との会話だけでなく『筋肉番付』シリーズでも好成績をおさめて

おり、ちゃんと使える筋肉の持ち主だ。海外への筋肉留学で、芸人としての「鮮度」をキープ!?

やまもとまさみ

▼平成26年「R-1」獲得。苦労人らしく「リベンジのRにもなりました」と語ったが、2年後には「優勝したのにブレーク出来ない芸人」と呼ばれることになった。はたして、再リベンジは……

まいける

▼アイドルグループ「MAM」などを経て「ドンマイける」「おしまいける」といった語尾に「まいける」をつける芸風を開発。女性トラブルを報じられたりもしたが、ダンスの能力は高い。

安穂野香

▼「セーラー服おじさん」として名古屋では知る人ぞ知る存在だったが『あらびき団』で全国区（ただし深夜）に。ハリウッドザコシショウいわく「ほんとにピュアでいい人」だそう。

★コンビ芸人編

ジョイマン

▼「ナナナナー」からのダジャレラップは一度聞いたら忘れられないが、いつしか忘れられる存在に。一発屋オールスターズ選抜総選挙では3位になった。コメントはお約束通りの「ありがとう!オリゴ糖!」。

クールポコ。

▼餅つきの設定で、男の勘違いや失敗をネタに。「な～に～!?やっちまったな!」「男は黙って」など台詞も動きもフォーマットとしての完成度は高い。営業が途絶えることはなさそう。

エレキコミック

▼『オンバト』で注目され『キングオブコント』でもそこそこ目立った。最近はピンでの仕事が多く、やついいちろうは『ひよっこ』で存在感をアピール。

レギュラー

▼「あるある探検隊」でブレイク。リズムネタとしての要素もあるせいか、飽きられると仕事は激減した。その後、ふたりで介護職員初任者研修を受け、車椅子の人でもできる「あるある探検隊体操」を考案したりしている。

ザ・たっち

▼コンビ名はあだち充の漫画『タッチ』に由来。「幽体離脱」は誰にもマネできない双子芸の極致だ。日テレの平日昼間の番組でしぶとく生き残っていたのだが……

不祥事、離婚
聴くに聴けないビミョーな事情の名曲選
『春夏秋冬』ヒルクライム、『春〜spring〜』ヒスブル、『ひだまりの詩』ルクプル

好きなアーティストの不祥事は哀しいものだ。それはファンに対する、第二の罪なのかもしれない。

たとえば、平成29年、ある二人組ユニットの片方が大麻取締法違反で逮捕されたとき、ファンの女性がブログにこう書いていた。

「もうユニバーサルミュージックストアで購入ができない　Ａｍａｚｏｎでも同じ　店頭でもダウンロードも出来ない　ＹｏｕＴｕｂｅでは映像も見られない　存在も　楽曲も　過去の栄光も　全て消し去られる　社会的責任の重さ　１日中ずっと　頭から離れない　あなたのことが同じく　胸を痛めてる仲間のことが」

このユニットとは、**平成21年**に**『春夏秋冬』**をヒットさせた**ヒルクライム**。逮捕されたのはサウンド担当の**DJ KATSU**で、4カ月後、脱退した。それ以降は作詞やボーカルをこなす**TOC**のソロユニットとなっている。代表作は恋人との永久の愛を誓う内容でもあり、つらく感じたファンは多いはずだ。

そのなかには、タレントの国生さゆりもいた。大ファンとして知られ、彼らの地元・新潟でのの全国ツアーのファイナルに駆けつけたりしたことも。ただ、彼女の場合、そのつらさはひと味違

うものだっただろう。

かつて不倫関係にあった長渕剛も、大麻取締法違反で逮捕されたことがある。その際、彼女は不倫関係だったことは認めつつも、自らのクスリ疑惑は否定した。DJ KATSUのニュースには、彼女もいろいろ去来する思いがあったのではないか。

ちなみに、彼女はバツ2となったあと、平成27年に芸人のメッセンジャー黒田との熱愛が報じられた。じつは黒田もクスリではないが、平成21年にガールズバー店長への傷害容疑で逮捕されたことがある。なかなか個性的な男性遍歴だ。


クスリ関係では、平成12年にCURIOのNOBが覚醒剤所持で逮捕されている。2年前にアニメ『るろうに剣心』の主題歌となった『君に触れるだけで』がヒット。バンドは活動休止を余儀なくされ、3年後に解散した。

同じ頃、ブレイクしたバンドにヒスブルことHysteric Blueがいる。JUDY AND MARYを手がけた佐久間正英のプロデュースで、平成11年『春~spring~』がヒット。『紅白』にも出場した。

しかし、その5年後、ナオキが強姦1名を含む計9名に対するわいせつ・強姦事件で逮捕されてしまう。前年から活動休止中だったバンドはこれにより解散した。それから12年後、彼は雑誌『創』に獄中手記を発表。そこには刑務所での短い花見を許されたあいだのこんな心情が綴られていた。

「社会からは忌み嫌われるべき存在でしかない犯罪者のオレが、こうして美味しいお菓子を食べさせてもらいながら桜を眺め幸せを感じている。でも、オレの被害者の人たちは事件以降こんな幸せさえ感じることができなくなってしまったのかもしれない」

『春～ｓｐｒｉｎｇ～』はそんな季節の胸がしめつけられるようなときめきを描いた、Ｊポップ有数の名曲。にもかかわらず、現在は廃盤となっている。芸術への罪、ということもそこに感じてしまうのである。

ヒスブルが出場した『紅白』ではその年最大、そして史上屈指の大ヒット曲も歌われた。**茂森あゆみ・速水けんたろう**による**『だんご3兄弟』**だ。３００万枚弱を売り上げ、歴代シングルランキングでは当時3位、今なお5位につけている。

ふたりは『おかあさんといっしょ』のうたのおねえさん・おにいさんだったわけだが、茂森はその後『めちゃ×2イケてるッ！』などを手がけたフジテレビの社員と結婚。じつはその社員の弟さんと知り合いなので「結婚したら『あゆみおねえさん』と呼ぶんですか」などとからかった思い出がある。

一方、けんたろうおにいさんのほうは波瀾万丈だ。もともと、演歌歌手やアニソン歌手を経てのブレイクだったが、平成23年、老女を車ではねて死なせるという交通事故を起こしてしまう。活動を自粛し、執行猶予つきの判決を受けた。その際、遺族からは復帰を容認する言葉も伝えられたものの、復帰後は派手な仕事を避け、地道な活動に徹しているようだ。

とまあ、こうした「不祥事」だけでなく、離婚のようなことでもアーティストや歌の運命は大きく変わることがある。その典型が「夫婦ユニット」**ル・クプル**の『**ひだまりの詩**』をめぐるケースだ。

平成9年、ドラマ『ひとつ屋根の下2』の挿入歌としてヒットし、ふたりは『紅白』にも出場。歌いだしを失敗したことでも話題になり、グループ名がフランス語で「夫婦」を意味することも日本中に広まった。

ただ、こうした**感動系のバラードで当てると、一発屋になりやすい**。平成13年にはボーカルの**Ｅｍｉこと藤田恵美**がソロ活動を開始、シンガポールや台湾でブレイクした。これに対し、夫の**藤田隆二**は日本でギター教室。という具合に、距離と格差が生じ、平成19年には離婚して解散という道をたどった。

しかも、その8年後『爆報！ＴＨＥフライデー』で明らかにされた離婚の真相は壮絶なものだった。妻に嫉妬した夫のモラハラがエスカレートした結果だというのだ。この放送自体は見ていないのだが、妻が過去を赤裸々に告白したあと、夫が登場して、

「まずは謝りたい。家庭と仕事のバランスがわからなくなった」

と、頭を下げ、久々に『ひだまりの詩』を共演。ただ、その和解にぎこちないものを感じた視聴者も多かったという。思うにこれは、恵美の新曲の宣伝も兼ねていたからかもしれない。コーナーの最後に流れたのは『飲

ル・クプル シングル『ひだまりの詩』(PONY CANYON PCDA-00969)

んじゃって…』というノリのいいポップス演歌。中1で演歌歌手としてデビューしたこともある彼女は、そういう引き出しも持ち合わせていた。

音楽評論家の富澤一誠も『こんないい歌、売れない方がおかしいよ！』というコラムで取り上げ、彼女のコメントを紹介している。

「ル・クプル以降は、自分の存在をあまり感じさせないように、歌の中にリスナーの方がふっと入ってくれるような歌い方をしていましたが、今回はコブシを入れて逆にしてみました」

ところで、モラハラ離婚といえば**高橋ジョージと三船美佳**だ。ただ『**ロード**』（**ＴＨＥ 虎舞竜**）についてはふたりで歌った曲でもないし、また、高橋が自虐ギャグにもしているせいか、それほど「聴くに聴けない」感じはない。

なんにせよ、ル・クプルの悲劇は愛のうつろいやすさと、それゆえ「夫婦」などという不安定な関係性をグループ名にする怖さを教えてくれた。今となってみれば『ひだまりの詩』のＣＤは、**別れた夫婦の結婚式の引き出物**のようである。

スピード大好き？戦場カメラマンのもうひとつの戦場

渡部陽一

戦場カメラマン、という職業を知ったのは中学のときだった。ロバート・キャパのようにベトナムで取材中、地雷を踏み死んでしまった人もいると聞き、なんとも危険な仕事だと思ったものだ。が、最近の人はその職名を目にしても笑いたくなるかもしれない。**渡部陽一**がそのイメージを一変させてしまったからである。

平成21年終盤、突如としてテレビに出始めたこの人はその独特の話し方で人気を獲得し、翌年、テレビに引っ張りだことなった。芸能界はもとより、一般社会でもモノマネする人が続出。しかし、面白さでは誰も本家に敵わなかった。得意なカラオケを聞かれ、あのスローモーションみたいな口調で「ＳＰＥＥＤ……です」と最高の答を返すなど、期待を裏切らないバラエティトークのツボも心得ていたからだ。

また、いつ見ても一目瞭然な外見というのも武器だった。中東圏での成人の証しだという口ひげを生やし、ポケットのたくさんついたカメラマンベストを着用。その理由について本人は、「細かい持ち物はすべてポケットに収納して、どんなときでも両手をあげて、不測の事態に対応しているんです。小さなカメラ、バッテリー、フィルム、ノート、ペン……どれをどのポケットに入れるかすべて決まっていて、真っ暗な中でもバッテリーやフィルム交換をできるように訓練

しています」

と語っているが、それは**芸能界という戦場を生きるうえでも絶好の「記号」**として機能した。そのインパクトがいかに大きかったか、例を挙げるなら――。Eテレの子供向け料理アニメ『クッキンアイドル アイ！マイ！まいん！』に彼そっくりのカメラマンが登場したことがある。主人公・まいんちゃんを撮影する芸能カメラマンという設定だ。が、昔はこんなとき、篠山紀信みたいなもじゃもじゃ頭のカメラマンが描かれるものだった。渡部陽一は日本写真界の巨匠を差し置き、カメラマンの代名詞のような存在にまで登りつめた（？）のである。

とはいえ、世間が関心を抱いたのは彼のカメラの腕ではなく、あの話し方がどこまで素なのかということだった。これについては、興味深い「実験」がある。『週刊女性』がプライベートの彼を直撃。自宅を出たところでいきなり声をかけたところ、

「ビックリしたッ！」

と、早口で答えたというのだ。

ただし、本人いわく、これは「戦場などの緊迫した現場」で「焦ったとき」に出る反応なのだそう。実際、その後はすぐにいつもの話し方に戻ったと記されている。たしかに、緊急時にまで

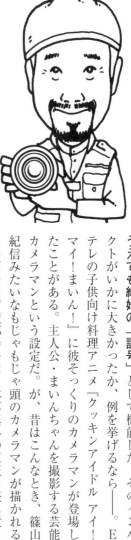

あの調子だと逃げ遅れてしまいそうだ。

そう、彼の本職は戦場カメラマン。きっかけは子供の頃、ビールのCMに出ていた「国際ジャーナリスト・落合信彦」に憧れたことだ。テレビに出始めたのも、かつての自分同様「お茶の間のちびっ子たちが、国際報道のキーワードに対して興味を持ってくれること」を期待してのことだった。べつにタレントになりたかったわけでもないから、ブームがおさまるとともに、

「そろそろ本業に専念します」

と、宣言。本来の「戦場」に帰っていったのである。

と、締めくくればかっこいいのだけど――!?。テレビに出るようになったのには渡航費用を稼ぐという目的もあった。それゆえ、お呼びがかかればそのつど戻ってきて、あのしゃべりを披露することに。たとえば、平成28年には『水曜日のダウンタウン』に登場した。「『待て』と言われた時、さすがに人なら犬より長時間待てる説」を検証するためのドッキリ企画だ。

いかにも長時間待てそうなキャラだからこそのオファーだが、しびれをきらしてロケバスを出れば、そこには落とし穴が。彼は結局、1時間ほどしか待てず、そこにハマった。その映像には、BGMとして映画『戦場のメリークリスマス』のテーマ曲がかぶせられ、バラエティ的には計算通りの結果となったわけだ。

ちなみに、彼の究極の夢はいつか戦争のない世の中になって失業し「学校カメラマン」に転職することだという。そんな世の中はなかなか訪れないだろうが、なるべく命を大事にして一発屋タレントのバイトも続けてほしいものだ。戦場で地雷を踏むより、テレビで落とし穴に落ちてくれているほうが見る側も気軽に楽しめるのだから。

泣けるうたを探せ！歌謡曲再生産ムーブメント
『愛のままで…』秋元順子、『人生に乾杯を！』コーヒーカラー、『トイレの神様』植村花菜

何十頁か前に、ノスタルジックなテイストの音楽、という話を書いた。桜ソングに卒業ソング、さらには『冬のソナタ』のテーマ曲として韓流ファンを熱狂させた『**最初から今まで**』（Ryu・平成16年）なども、純愛への郷愁がもたらしたヒットだ。言い換えるなら「泣ける歌」である。

✹「泣ける歌」は往往にして――

平成18年、そんな音楽の特大ヒットが生まれた。**秋川雅史**の『**千の風になって**』だ。

これは米国での発祥とされる詩を新井満が訳し、曲をつけたもの。『朝日新聞』のインタビューで、新井はこんな経緯を語っている。

「ふるさと新潟市の幼友達に川上君という弁護士がいて、奥さんの桂子さんが48歳でがんで亡くなった。送られてきた追悼文集に不思議な詩が紹介されていて、そのルーツをたどると作者不詳の12行の英語詩に出会ったのがきっかけです。『死者が生者を慰める』という発想に驚き、追悼の曲にして贈ろうと考えた」

当初はCD30枚分の「私家版」だったが、しだいに広まり、ほかに何人ものアーティストがとりあげるようになった。そのなかから秋川のものがヒットするわけだ。とはいえ、**歌謡曲やJ**

ポップで「死」を扱うのは両刃の剣だったりもする。

平成初期には沢田知可子の『会いたい』（2年）やＴＨＥ虎舞竜の『ロード』（5年）がヒット。しかし、両者とも一発屋になった。秋川もまた、その道をたどったといえる。ただ、不思議と負のイメージがないのは楽曲の前向きな内容もさることながら、彼のスタンスにもよるのだろう。

秋川はクラシック界屈指のテノール歌手で、この仕事はある意味、余技だった。それゆえ、ヒット後も週刊誌でこんな話をしている。

「通り過ぎた人に『あっ、この間『紅白』に出てた人に似てる』なんていわれたことも（笑）。変装もしないしこのまま歩いてます」

性格もラテン的で、若い頃にはイタリア語もしゃべれないのにイタリア留学したほどだ。シャツの上方のボタンをはずす色っぽいファッションで、女性ファンからは「秋サマ」と呼ばれていたりもする。

しかし、生みの親の新井をめぐっては、騒動も起きた。彼は「千の風」を商標登録したうえで「千の風」基金を設立。『朝日新聞』のインタビューでは、

「ＣＤや関連本の印税が入ってくると、できる限り基金に送金しています。基金の代表は川上君で、亡くなった桂子さんが相談員をしていた『いのちの電話』をはじめ、桂子さんが生きていたら手をさしのべたであろう社会貢献活動を、応援しています」

と説明しているのだが……。新井より前に原詩を訳していた人物に批判されてしまった。訴訟などの流れにはならなかったものの「感動」がブーム化したとき、ありがちな展開ではある。

なお、興味深いのは新井が歌手として一発屋だったことだ。昭和52年『ワインカラーのときめ

き』がカネボウのCMソングにもなって、ヒット。電通社員との二足のわらじでもあったことから、立場の似た小椋佳と比較されたりもした。ただ、こちらは阿久悠と森田公一による楽曲であり、自分の手柄という実感はやや乏しかったのではないか。その後、文学で芥川賞を獲ったほどの才人にとって、自分が訳詩と作曲を手がけたものが国民的ナンバーになったことは、じつに快感だったのではと想像してしまう。

ともあれ『千の風になって』は新たな流行の扉を開いた。いわゆる『紅白』効果で翌年1月にはオリコン1位に。クラシック系歌手としては史上初の快挙だ。そしてこの年「泣ける歌」が次々とヒットするのである。

✹次々にヒットした面々

まずは、**すぎもとまさと**の『**吾亦紅**』。亡き母への思いを歌った曲だ。彼は杉本眞人の名で小柳ルミ子の『お久しぶりね』を作詞作曲するなど、職業作家としてはベテランだった。それが58歳で『紅白』出場を果たし、男性歌手の最年長記録（当時）を更新する。

ついでに、こんなエピソードも生まれた。『アッコにおまかせ!』で『紅白』初出場歌手の話題に触れるなか、和田アキ子が「そんな歌手、全然存じ上げません」と発言。しかし、和田もすぎもとにシングル作品を提供されていると指摘され、土下座して謝るハメになってしまった。

この『紅白』には**馬場俊英**も登場。『**スタートライン～新しい風**』を歌った。彼は28歳でようやくデビューできたものの、32歳でレコード会社から契約を切られ、インディーズで歌い続けたという苦労人だ。

「レストランやバーで歌ってCDを売ってましたね。家賃や光熱費の支払いが毎月迫ってくる。音楽という形のないものをお金にかえる大変さが身に沁みました」（『週刊文春』）
　そんななかで生まれた『ボーイズ・オン・ザ・ラン』がコブクロにカバーされたことから、再浮上。38歳で古巣と再契約することができた。その後も「頑張っている人を応援すること」をテーマに、ライブのあとのアンケートを精読するなど独自のやり方で活路を見いだしていく。たとえば、
「介護のために仕事をやめました。頭ではわかっていても、割り切れない気持ちを、馬場さんの歌で吹っ切れました」
　こんなファンの言葉が「原点」になり、40歳で晴れの舞台に。「**リストラの星**」として脚光を浴びたのである。

すぎもとまさと シングル『吾亦紅』※裏ジャケ（テイチクエンタテインメント TECA-12087）

　これに対し、こちらはさしづめ「**ＬＧＢＴの希望**」だろうか。同じ『紅白』に出て『**友達の詩**』を歌った**中村中**だ。この曲は前年、性同一性障害をテーマに作られた単発ドラマ『私が私であるために』の劇中歌でもあり、本人も出演。放送直前に、戸籍上は男性であることもカミングアウトしていた。

　その話題性と、楽曲のよさがあいまって、ロングヒット。『紅白』ではどちらの組で出るのかも注目され、結

局、紅組となった。男と女というふたつの形だけにはおさまらない、ジェンダーの多様性を問いかけた意味でも時代を象徴する初出場だ。

なお、この3人は翌年の『紅白』には出ていない。そこが一発屋たるゆえんだが、新たな「泣ける歌」シンガーが誕生したからでもある。**木山裕策**と**秋元順子**だ。

木山は会社員だが、30代半ばで甲状腺ガンを患ったことを機に、歌手活動も開始。手術によって好きな歌がうたえなくなる危機に面し、自分の声をCDにして子供たちに聴かせたいと考えたのだという。

平成19年にはオーディション番組の『歌スタ!!』に挑戦。審査員にスカウトされ、翌年『home』でデビューする。家族を歌ったこの曲がヒットして『紅白』にも40歳で初出場するわけだ。その後も会社員シンガーとして活動を続けている。

一方、**秋元**はもっと高齢だった。専業主婦をしながら、趣味の延長のようなかたちで歌ったりしていたものの、メジャーデビューは58歳のとき。熟年の不倫を描いて小説や映画がヒットした『マディソン郡の橋』に題材を得た**『マディソン群の恋』**が第1作だ。

好きな歌手もナット・キング・コールやエラ・フィッツジェラルドというから年季を感じさせる。そんな彼女にぴたりとハマったのが、**平成20年**の**『愛のままで…』**である。激しく官能的な大人の純愛を、本人いわく「ワインのように熟成」された歌唱力でうたいあげ、翌年1月にはオリコン1位にまで登りつめた。

そこにはもちろん『紅白』効果も。61歳という紅組史上最高齢記録での初出場は、大きなインパクトだった。その『紅白』ではさすがのベテランも緊張したようで、本人がこんな話をしている。

「それに歌う前にサプライズで娘からの手紙が読まれてワーッと込み上げてきまして、それを抑えて歌わなきゃいけないから、舞台まで歩いている間に切り替えをしたんです」

NHKにしてみれば、むしろ「うれし泣き」を期待していたのだろう。ちなみに、対決したのは木山で、こちらは家族が客席で見守った。とまあ『紅白』で「泣ける歌」対決まで実現してしまったわけだ。そんな状況を他の局も見過ごすはずがない。

✹「泣ける歌」番組まで出現

この年の秋には、日本テレビが『**誰も知らない泣ける歌**』という番組を始めた。有名無名、できれば知る人ぞ知る感じの「泣ける歌」を紹介していこう、という趣向で、出演陣には**元アラジンの高原兄**も。作曲家として再ブレイクしていたからだろう。

翌年2月17日の放送では、こんな曲が紹介された。

『大きな古時計 ZuZuバージョン』伊藤秀志

『元祖天才バカボンの春』こおろぎ'73、コロムビアゆりかご会

『人生に乾杯を！』コーヒーカラー

このうち、ひとつめは名古屋で活躍する秋田出身のタレントが方言でうたったもの。ふたつめは、昭和の人気アニメのエンディングで流れた異色のバラードだ。サビの「41歳の春だから」という詞でバカボンパパの年齢を知った人も多いことだろう。そして、特筆したいのが三つめの**『人生に乾杯を！』**である。

　男女ユニット・コーヒーカラーのデビュー曲で、平成16年の発売後、会社の送別会などで人気となり、5年後『人生に乾杯を！〜別れの曲〜』として再びリリースされた（ショパンの『別れの曲』が引用された新バージョンだ）。番組で紹介された歌を集めたコンピレーションアルバムには、こんな解説がつけられている。

「不況、リストラ、負け組……。どんな悲しみ、寂しさに出くわしても、人生はきっとやり直せる。世の全てのサラリーマンに捧ぐ、哀愁の応援歌」

　というと、明るく元気なものも想像してしまうが、実際はどこか物悲しく、人生の苦味が胸にせまってくる。ユニット名もセルジュ・ゲンスブールの曲に由来し、シャンソン歌謡の趣きだ。作詞作曲とボーカルを手がける仲山卯月は「流し」でもあり「乾杯しよう」のリフレインをはじめ、随所に歌心と歌力を感じさせた。

　ただ、さすがに『紅白』級のヒットまではいかず、この番組じたいも8カ月で幕をおろすことに。知る人ぞ知る「泣ける歌」などそうそう見つかるものでもないのだ。

　そして、この**平成21年最大の「泣ける歌」**は海外からやってきた。**スーザン・ボイル**の**『夢やぶれて』**（ミュージカル『レ・ミゼラブル』より）だ。

　スコットランド出身の冴えない中年女性が英国のオーディションに応募。登場した瞬間、場違いな雰囲気に失笑すら洩れるなか、歌い出した瞬間、反応が一変したという出来事は、ユーチューブなどで世界中に紹介された。これを機にデビューして、年末には初来日。『紅白』がサプライズゲストとして呼んだのだ。

中盤の目玉として、オーディションでも歌った『夢やぶれて』を披露した彼女は、たしかに貢献した。瞬間視聴率はその登場で約６％アップ。ただ、そのコストもバカにならないものだったようだ。

英国の大衆紙が、彼女のギャラが５００万円以上だったことをスクープ。大御所でも50万円程度とされる『紅白』で、これは破格の待遇だ。しかも、一行の渡航費や食事代なども合わせれば１千万円に達したという。ほんの９カ月前まで「普通のオバサン」だった人が日本でも「シンデレラ」になったわけだ。

ところで、日本の「泣ける歌」の定番、演歌はどうだったのだろう。じつはこの時期、めぼしいニュースターは別項で触れたジェロくらいしかいない。とはいえ、そこそこ話題になった新人はいた。「泣ける歌」ならぬ「笑えるキャラ」でブレイクした**大江裕**だ。

『さんまのスーパーからくりＴＶ』に「演歌高校生」として登場し、ニクめない不器用ぶりで人気に。大好きな北島三郎に実力も認められ、平成21年『のろま大将』でデビューした。演歌では貴重な新しい人気者ということで『紅白』も出演を検討したようなのだが……。この年、サブちゃんの娘婿となった北山たけしの連続出場にこだわった北島音楽事務所の意向で、大江の初出場は実現しなかったという。翌年以降はパニック障害で体調を崩すなどの辛酸も嘗めたり。こちらは「**泣ける話**」である。

だが、平成30年8月、**北山とユニット「北島兄弟」を結成**というニュースが飛び込んできた。おかげで『レコ大』の企画賞にも選ばれ、ゲスト出演ながら『紅白』の舞台にも立った。ちなみに、リリースした『ブラザー』は3月に心不全で突然死したサブちゃんの次男・大野誠（ペンネーム・大地土子）の作詞作曲。北島ファミリーとしての弔いの意味もあるのだろう。これは演歌ならではの、しみじみと「泣ける話」といえる。

✹平成「一発屋」のトリ？

さて「泣ける歌」に話を戻すと、あくる**平成22年**、いかにもという1曲が出現する。**植村花菜**の『**トイレの神様**』だ。5年前にデビューしたものの、くすぶっていた彼女がこの曲でチャンスをつかめたのは、ある男の存在が大きい。新たにプロデューサーとなった寺岡呼人である。

JUN SKY WALKER（S）で世に出て、ゆずをプロデュースしたり、若き日の桜井和寿とミスチルの『星になれたら』を共作したりした寺岡は植村と話をするうち、あるエピソードに目をつけた。彼女が数えきれないほどテレビや雑誌で語ることになる、あの話だ。

「小三の頃からずっと祖母と二人暮らしだったんですが、気立てのいい花嫁さんになるのが夢で、家のことは何でも率先してお手伝いをしてました。でもトイレ掃除だけが苦手で。そんな私に祖母が、トイレにはすごく綺麗な神様がいて、頑張って掃除したら別嬪さんになれるよって（笑）」（『週刊文春』）

これを歌にするよう勧められた彼女は、10分近い大作に仕上げ、スタッフも力の入ったプロモーションを展開した。リリース前に、同名の小説や絵本を出版し、年明けには同名の単発ドラマを放送、などなど。この曲の劇的な物語性をアピールする狙いだったのだろう。

こうした戦略も実を結び、**レコ大では優秀作品賞と作詩賞**を受賞。『紅白』初出場も決めた。会見では、長すぎる曲について「どこも削るところがないので全部歌わせていただきたい」と語ったが、これにツッコミを入れた人がいる。またまた登場の和田アキ子だ。例によって『アッコにおまかせ！』の『紅白』初出場歌手のニュースで「どんな歌だって削るところはない！」とバッサリ。結局、本番では8分弱に縮めたかたちになったものの、歌詞は全部生かされた。NHKがこれを目玉扱いしていたことがよくわかる。

そして、1月にはお約束通りにオリコンの1位を獲得。彼女は自身のブログに喜びと感謝、そして今後も頑張るという決意を綴り、

「一生ついてきてなー♪♪」

と、絶叫（？）したが、そこまで世の中は甘くない。その後はヒットに恵まれず、オリコン1位獲得から2年後にジャズドラマーと結婚。その2年後には母となった。とりあえず「気立てのいい花嫁さんになる」という夢もかなえたわけである。

植村花菜 シングル『トイレの神様』（King Record KIZM67-8）

ただ、そのあいだにひとつ、色っぽい話題も提供した。大ブレイクの翌年、**キングコング・西野亮廣**との熱愛が発覚したのだ。じつは西野、植村とは実家が近所で、ブログにも「当時、ボクの姉ちゃんのアルバイト先の後輩だった」などと書いていた。そして、両者にはま

だ共通点がある。**お笑いと感動**、だ。

『トイレの神様』で、新喜劇を録画し損ねた祖母を泣いて責めたりした、と歌った植村。一方、西野は芸人から絵本作家及びそのプロデューサーに転じ『えんとつ町のプペル』を大ヒットさせた。ふたりがもし破局せず、夫婦になっていたら、何か面白いものを合作していたかもしれない。

ちなみに、**平成29年**に行なわれた「**一発屋だと思う2000年以降のアーティストランキング**」で、**植村は堂々の第1位**に輝いた。**2位はMay J.**で、**3位は**『**Lifetime Respect**』の**三木道三**だ。これはオリコン1位に負けないいくらい栄誉なことだろう。じつは植村のあと、歌の一発屋は探すことが難しくなっていく。直後に起きた東日本大震災で、一時は歌どころではなくなったというのもあるが「泣ける歌」ブームも『トイレの神様』でひと区切りついた印象だ。

ひとつの文化の終わりに登場したかのような植村。平成版「一発屋紅白」が実現するなら、**紅組トリの有力候補**となりそうだ。

2章

忘れちゃいけない天国の日々

元年〜14年

元年　『いかすバンド天国』から一発屋が続々誕生
4年　岩崎恭子がバルセロナ五輪で金メダルを獲得
6年　『ボキャブラ天国』でヒットパレード企画がスタート、芸人が競い合う場に
7年　アニメ『新世紀エヴァンゲリオン』の主題歌『残酷な天使のテーゼ』発売、のちにカラオケの名曲となる
8年　『電波少年』のヒッチハイク企画で猿岩石が大ブレイク
9年　野人・岡野が日本のサッカーW杯初出場を決めるゴール
10年　映画『リング』公開「貞子の曲」が関心を集める
11年　19の『あの紙ヒコーキくもり空わって』がヒット
12年　0930の『山田君』がヒット
14年　『電波少年に毛が生えた』で不祥事（カッパ騒動）翌年打ち切りとなる

エヴァ、貞子 平成の二大「怪物」ヒットはともに一発屋ソング!?

『残酷な天使のテーゼ』高橋洋子、『feels like HEAVEN』HIIH

平成初期の一発屋シーンをリードしたのは『**いか天**』である。『平成名物TV 三宅裕司のいかすバンド天国』という番組名といい、平成元年2月から翌年12月という放送時期といい、平成の一発屋はいか天バンドとともに始まったといっても過言ではない。わが一発屋シリーズの第一作『**歌謡界「一発屋」伝説**』でも、**たまやカブキロックス、人間椅子、PINK SAPPHIRE**などをとりあげた。その輝きと哀しさは、四半世紀以上がすぎた今も変わってはいない。ただ、時の流れとは面白いものだ。四半世紀以上がすぎた今「いか天」勢とは対極にいたかのような人たちにも一発屋っぽさを感じることがある。ミリオンヒットを連発して、**Jポップの王道を邁進したビーイング勢**だ。

✸ビーイング勢にも「一発屋」がいた?

こちらは**平成2年**にB.B.クィーンズがアニメ『ちびまる子ちゃん』のエンディングテーマ『おどるポンポコリン』を大ヒットさせたあたりから進撃を開始。B-zにZARD、TUBE、T-BOLAN、ZYYG、REV、WANDS、大黒摩季らを擁し、オリコン1位を量産していく。**平成4年6月最終週には、1位から6位までをビーイング勢が独占するなど、一時代を築**

いた。そのブームとしての規模は「いか天」をはるかにしのぎ、現在も事務所としてレコード会社として一定の力は維持している。

そんなブームの立役者のひとり、**DEENの池森秀一**が平成30年『マツコの知らない世界』に出演した。そばへの愛とウンチクを語るためだ。筋トレのしすぎでマッチョ化した体を戻すべくダイエットに利用したことから、そばに目覚め、一年約360日食べるようになった池森は、ツアーにかこつけて日本中のそばを制覇。

「5年に1回、全都道府県を僕ら回るんです。その際に、これはもう全国そば歩きだ、と。せっかく47都道府県行くから」

と、語った。このエピソードは、元たまの石川浩司がやっているという全国のドリンク缶コレクションを思い出させる。これが旬のアーティストだと、ツアー先で趣味の寄り道をするヒマはなかなかない。コアなファンを相手に、マイペースな活動ができる人ならではの楽しみ方なのだ。

で、なんか一発屋っぽいなと思ったわけだが、DEENには『このまま君だけを奪い去りたい』と『瞳そらさないで』の特大ヒットのほか、野球のボビー・バレンタインが大好きだという『未来のために』などのヒット曲が多数ある。にもかかわらず、そう思ったのは、**ビーイング系アーティストの特殊性**が影響しているのだろう。

「今日初めて、テレビです、ひとりで。25年間で初めて。僕、今日デビュー作なんですよ」

という池森。ビーイング系にはメディア露出を控えるアーティストが多く、DEENもそうだった。テレビや雑誌にしょっちゅう出ていた人と違い、もっぱら歌声の印象しかないため、一発屋っぽくも感じるのだろう。

そういう意味で、似た印象を受けるのが、ZYYGやREVだ。あと、FIELD OF VIEWあたりも今となってはポカリスエットのCM曲『突然』のイメージが強すぎて、一発屋感がある。

しかし、一発屋ならではの哀しさは稀薄だ。おそらく、テレビでちやほやされ浮かれている姿を見ていないからだろう。また、ビーイング音楽は全般的に我が強くないというのもある。プロデュース側が優秀な作家に作らせるよくできた作品を安定してこなすことが何より求められるので、どんなに売れてもオレ様っぽさが生まれにくいのだ。

池森のデビューも、こんな成り行きだった。本人いわく「お前、いいから来いって言われて上京した」ところ、

「ある日突然、プロデューサーが、お前、試しでいいからこれ歌ってみろって言って、それで、ハイって言って、♪こぉ〜のまま〜って歌ったら、お前の声で行こうってことになって。出たらドカンってなって」

初めから『このまま君だけを奪い去りたい』という曲があり、そこに池森がハマったことから、DEENというプロジェクトができたのだという。

ビーイングは先行音楽の加工も得意としており、TUBEはサザンオールスターズ、ZARDは森高千里、T-BOLANはBOØWYをヒントにしたとされる。椎名林檎を狙った**吉田知加**は失敗に終わったものの、**倉木麻衣**では宇多田ヒカルとの「パクリ騒動」も起きるほど、社会的にも大きなインパクトをもたらした。ただ、これはビーイング流のもうひとつの（あるいは、よ

り正統的な）ポップスのあり方を提示したにすぎない。宇多田のように、本人の自我がストレートに反映される音楽と、倉木のように歌い手が楽曲に合わせて一定のサービスを維持する音楽と、どちらを好むかは人それぞれなのである。

そんな性質上、タイアップにも向いている。アニメ『名探偵コナン』シリーズとは長年の蜜月関係。**DAIGO**の印象ばかりが強い**BREAKERZ**が一発屋にならずに済んでいるのも、ここで何曲か担当していることが大きいはずだ。

✹「エヴァ」系一発屋

さて、アニメとのタイアップといえば、平成最大の成功例が『**残酷な天使のテーゼ**』だろう。**平成7年**に『新世紀エヴァンゲリオン』の主題歌としてリリースされ、その後もカラオケで盛んに歌い継がれている。歌手の**高橋洋子**は2年後『**魂のルフラン**』もヒットさせたが、こちらも劇場版『エヴァ』の主題歌。アスカの物真似で食っている女ピン芸人の**桜 稲垣早希**と並ぶ「**エヴァ」系一発屋**と呼べるかもしれない。

高橋洋子 シングル『残酷な天使のテーゼ』（KING RECORDS KIDA114）

この曲がすごいのは、アニメに負けず劣らず、怪物的な存在であることだ。日本音楽著作権協会（JASRAC）における国内作品分配額では毎年、上位をキープ。発売から15年後にはついにトップに立った。ひょっとしたら、平成最大のヒット曲なのではないか。

そして、この怪物ソング絡みでちょくちょくクローズアップされるのが、作詞を手がけた**及川眠子**だ。ほかにwinkの『淋しい熱帯魚』とかやしきたかじんの『東京』などもあり、けっして一発屋ではないが、それでもこんな発言をしている。平成30年のインタビューで「これから作詞家としてやってみたいこと」を聞かれたときの回答だ。

「それはきっと『「エヴァ」の作詞家だ』という肩書きを外すこと。つまり、それ以上のヒットを作ることとですね。もしそれができたなら、割と満足するんじゃないかなと思う」

実際『残酷な天使のテーゼ』は収入も膨大で、本人いわく「年収は3千万切ったことないですよ、四半世紀くらい」「カラオケよりもパチンコの印税のほうが高い」とのこと。しかし、その大半は「元旦那に行っちゃったんですよ」という。

海外の若い男と結婚して、いろいろとねだられ、世界遺産のカッパドキアまで買ってしまう始末。3億は貢ぎ、離婚時には7千万円もの借金を背負った。それでも「ネタを運んできてくれる男」だったと振り返る。その言葉通り『破婚―18歳年下のトルコ人亭主と過ごした13年間―』という本で、ネタにしてみせた。

そんな作詞家に比べ、歌手のほうはといえば――。もともとバックコーラス出身だからか、地味で目立たない存在だ。**あまりにも有名な曲とのギャップがありすぎて、すぐに名前や顔を思い出せる人は少ない**かもしれない。

✷「きっと来る〜」の歌い手

そういう例がもうひとつ。HIIHの『feels like HEAVEN』という曲をご存知だろうか。アーティスト名やタイトルに覚えがなくても、ほとんどの人が聴いたことはあるはずだ。「♪きっと来る〜」という女性のハイトーンボーカルが印象的な、テレビバラエティの怖い場面でよく流れる、あのサビを持つ曲である。

生みの親のＴｏｍｏ Ｈｉｒａｔａは、平成24年、自身のブログでこう書いている。

「僕がつくった曲の中で、一番良く知られているのは、**角川映画『リング』の主題歌**になった『ｆｅｅｌｓ ｌｉｋｅ ＨＥＡＶＥＮ』だろう。'98年の作品だから、もう14年も前の曲ということになる。映画が大ヒットしたおかげで、一応オリコンのチャートにも入ったし、そこそこ売れた。ということで、その後、Ｊ－ＰＯＰ的なお仕事も入ってくるようになったのだが、事務所がめちゃくちゃなところだったこともあり、その路線はフェイドアウトになってしまった。まあ、もともとクラブミュージック・クリエイター／ＤＪだし、個人的にはＪ－ＰＯＰは、ほとんど聴かないので、それでよかったんだと思う」

で、あの女性ボーカルはどんな人かというと、平成28年『水曜日のダウンタウン』のなかで明かされた。「貞子の曲のタイトル　誰も知らない説」を検証することになり、一般人はおろか、クイズ王ですらわからなかったため、最後に本人が登場したのだ。

「**この曲を歌っております、Ｒｉｅと申します**」

と、ＶＴＲ出演したのは、阿佐ヶ谷姉妹風の中年女性。その際「♪来る　きっと来る〜」と勘違いされがちな歌詞が「♪Ｏｏｏｈ　きっと来る〜」であることも紹介された。

勘違いといえば、ネットの巨大掲示板にはこんなスレッドも立てられたりしている。

「貞子の『くーるー、きっとくるー！』って曲は華原朋美が歌っていたと思ってたよね？」

この「朋ちゃん」云々については、声質や歌い方はもとより、彼女の人生も関係した連想だろう。ゴースト化したら怖そう、という意味で。少なくとも、小室哲哉は生きた心地がなくなりそうだ。富士サファリパークのCMソングの「これって和田アキ子だよね（じつは串田アキラ）」もまたしかりで、和田の猛獣みたいなイメージによるところが大。人はかなり印象に左右されるものなのだ。

ちなみに『ｆｅｅｌｓ ｌｉｋｅ ＨＥＡＶＥＮ』自体は怖い曲ではない。オバケが「来る」のではなくて、輝ける世界の訪れを願う内容だ。そんな意外性も含め、じつに数奇で魅力的な一発ソングである。

COLUMN

一発屋名場面その3　石橋貴明をKOしたJKデュオ

顔面偏差値。昭和にはなかった言葉だが、平成のそれはかなり上がっている。特に、テレビに出る人はなおさらだ。また、容姿、とりわけ男性が女性の容姿をからかってはいけないという風潮も高まってきた。そんななか「ブス」で一発当てた女子高生デュオがいる。**平成12年に『山田君』をヒットさせた0930（おくさま）**だ。

まだインディーズだった宮崎時代に『笑ってコラえて！』で見かけたが、正直、売れるとは思わなかった。しかし、デビュー3カ月後に『うたばん』に出たふたりはその真価を最大限に発揮する。司会の石橋貴明が「Ｋｉｒｏｒｏ以来の衝撃だな」と得意のブスいじりを仕掛けたところ、「それは、ブスっていうことですか⁉」「私たち、ブスですよね」と切り返し、石橋を固まらせてしまったのだ。これは「本物のブスにブスと言うことはできない」という世の真理を巧みに利用したもの。思えば「０９３０」というグループ名も、レディスアデランスのＣＭに出てくる電話番号の一部だったりするし、なかなかのセンスを感じさせる。その後も『はなまるマーケット』のゲストコーナー「はなまるカフェ」でオープニングのジングルを担当するなど、4年弱のメジャー活動ながら存在感を示した。解散後、児玉は地元でタレントとなり、石橋を固まらせた梅原は東京で女性デュオ・モニパラを結成する。

ところで、ふたりのブレイクにはもうひとり、協力者がいた。当時大学生で、同じ宮崎の音楽仲間だった橋口靖正だ。ヤマハのコンテストに出たときのことを、メインボーカルの児玉はこう話している。

「そしたら橋口くんが『自分が上まで行かせてやる。そのためにオリジナルで出たほうが絶対いい』って言って、曲を作ってくれて。次の日には『山田君』ができて聴かせてもらったら、これはいいってことで、歌うことにしたんですよ」

その後、橋口もシンガーソングライターとしてデビューしたが、平成28年、虚血性心疾患で急死。『山田君』は彼にとっての一発にもなり、追悼ライブでは児玉も歌を捧げた。

「ブスだったおかげで売れた」と言うふたりだが『山田君』が売れたのは若き才能の結集があればこそだった——。

サッカーVS野球 一発屋対抗戦のMVPはあのひと

野人岡野、イルハン王子、球界のブラピ、コリンズ監督、ゴジラパパ

人気スポーツが多様化した平成という時代、特に大躍進を遂げたのが、サッカーだ。Jリーグの発足、W杯初出場、日韓W杯開催、その歴史的な節目で一発屋的なスターも出現した。

✹野人・岡野の伝説

なかでも、印象深いのが**平成9年**、フランスW杯の最終予選でゴールデンゴールを決めた**岡野雅行**だ。これにより、日本は初出場を果たした。前回のW杯ではいわゆる「ドーハの悲劇」により惜しくも逃していただけに、この快挙は「ジョホールバルの歓喜」と呼ばれ、岡野は時の人となる。

その際、クローズアップされたのが「**野人**」というあだ名だ。浦和レッズに入団して最初のキャンプに向かう空港で、他の選手がスーツにネクタイ姿なのに、彼はひとりだけ短パン、タンクトップ、リュック姿で現れた。それをコーチに「お前、野人みたいだな」と言われたことが由来とされる。

ただ、快挙の直後には「野犬と競走して勝ったから」という俗説もささやかれた。そして、彼はそんな話が似合ってしまうほど、ワイルドで天然な男だったのだ。これは平成29年『激レアさ

んを連れてきた。』でのこと。

「**サッカー経験ゼロのヤンキーたちを集めてサッカー部を作り強豪チームにする**という『ROOKIES』ばりの体験をしたのにその話をあまりしていない野人・オカノ」として登場した彼は、ドラマ顔負けのエピソードを語った。それは15歳のとき、サッカー部がないことを知らずにヤンキーだらけの全寮制高校に入学。サッカー部を作り、監督兼キャプテンとして県3位まで押し上げたというものだ。

この回は異様な盛り上がりを見せ、翌年『激アツ!!ヤンキーサッカー部』としてドラマ化。放送作家でもある鈴木おさむが脚本を手がけ、竜星涼が岡野を演じた。

そんな野人にとって、ゴールデンゴールを決めた試合が日本代表としてのデビュー戦。それも、延長戦からの出場だった。歴史を作るような男はどこか破格なキャラで幸運を呼び込むものなのだろうか。


その次のW杯が、日韓共催大会である。ここで人気を集めたのは「トルコのベッカム」こと**イルハン・マンスズ**だった。3得点をあげて、チームは3位に。女性週刊誌は「イルハン王子」と呼んでもてはやし、日本での所属事務所はファンクラブを開設した。

その2年後、ヴィッセル神戸に移籍。しかし、3試合の出場にとどまり、ケガを理由に無断帰国してしまう。大物の外国人選手にはありがちなパターンだ。

そして引退後、平成20年にサッカーイベントで来日したイルハンは、これもある意味、ありがちな転身を遂げていた。

「ソープドラマ（＝日本語でお昼のドラマ「昼ドラ」）にスポーツ選手役で出ました。サッカー選手は演じたくなくて、サッカー以外のスポーツ選手で、引退した後の役だったりします」（『週刊女性』）

日本でも、格闘家の**魔裟斗**が昼ドラ（『はるちゃん6』）に出て、棒読み演技を披露していたが、こういうのは洋の東西を問わないようだ。

ただ、イルハンが俳優として大成することはなく、その後、フィギュアのペアで五輪を目指したりした。スケート経験は特になかったそうで、こちらもなかなかワイルドで天然だ。

✹一発屋的・野球人

一方、昭和からの人気スポーツである野球はどうか。思わず、**ハンカチ王子**こと**斎藤佑樹**が浮かんでしまったが、さすがに一発屋扱いは失礼だろう。甲子園のあと、東京六大学でも活躍したし、プロ2年目には開幕投手を務めてプロ初完投勝利を飾るという華のあるところも示した。新語・流行語大賞にも、平成18年に「ハンカチ王子」でトップ10入り、その4年後には「**何か持っている**」を含む一節で特別賞を受賞している。

そんな斎藤が甲子園で騒がれた年、名前の読みが同じことから話題になったのが広島の左腕・**齊藤悠葵**だ。高卒1年目ながら一軍で活躍し「**鯉の悠ちゃん**」とか「**赤いハンカチ王子**」などと呼ばれた。本人もまんざらではなかったのか、ヒーローインタビューでは赤いタオルで汗を拭くしぐさをしてみせたという。こっちのほうが一発屋感があると書こうとしたら、プロ通算では19勝。元祖はまだ現役とはいえ、通算15勝なので、奮起を期待したいところだ。

あだ名がついた野球選手といえば、巨人と中日で通算11勝をあげた**平松一宏**も忘れがたい。「**球界のブラピ**」と呼ばれ、平成13年には当時人気絶頂の矢田亜希子との熱愛が発覚した。矢田の事務所が「真面目におつきあいしています」平松の父親が「まあ、キチンとした奴だから、まずいようにはしないだろう」と語り、平成17年には矢田がドラマの会見で「結婚を望む一人の女性として、等身大で演じたい」と発言。それゆえ、ゴールイン間近ともいわれたのだが……。

この年、平松は一軍にも上がれず、引退。矢田はこのドラマで知り合った押尾学と翌年、結婚する。もし平松がもうちょっと野球も「キチンと」していたら、矢田の運命も大きく変わっていたのではないか。「球界のブラピ」は芸能スキャンダル史において、そのあだ名にふさわしい影響をもたらしたのかもしれない。

ところで、平成は日米球界相互の人材交流が活発化した時代でもある。平成7年に野茂英雄がドジャース入りした際、女房役を務めた**マイク・ピアッツァ**は日本でも人気者になり、コマツのCMに起用された。

また、日本に来て、国際恋愛をしちゃった人もいる。平成19年にオリックスの監督に招聘された**テリー・コリンズ**だ。成績がふるわず、翌年5月には「情熱がなくなった」として辞任したが、その「情熱」は恋愛に向けられていた。前年から交際が噂されていた元・**非常階段**のピン芸人、**シルク**が待ってましたとばかり会見を開き、

「試合のない日は必ず会っていた」「アメリカに遊びに行きたい」

と、恋人宣言したのである。結局、遠距離恋愛は実らず、シルクが平成22年に破局を告白。で

も、コリンズにとっては悪くない思い出の一発だろう。

日本の球団での外国人枠も拡大され、平成8年には支配下登録数の制限が撤廃。来日する助っ人が増加するなか、こんな珍事も起きた。平成15年にヤクルトに入団した**トッド・ベッツ**を出迎えるべく、球団関係者やメディアが待ち構えていたのだが、まったくの別人に声をかけてしまい、しばらく誰も気づかなかったという出来事だ。声をかけられ、つば九郎のぬいぐるみと笑顔で写真におさまったりしたのは、ジョン・エリクソンというただの観光客。スポーツ紙は「ベッツ（別）人」などと面白おかしく書きたてた。昭和62年に同じヤクルトで旋風を巻き起こしたボブ・ホーナーに似ていたことも、取り違えにつながったのだろうか。

ちなみに、ベッツ本人は黒人系でエリクソンは白人なので、事前に写真を見ていればありえないミスだった。彼はこの出来事を「別の球団の新入団選手か」と思いながら眺めていたという。なお、成績は112試合で15本塁打、2割8分7厘とまずまずだったが、ロベルト・ペタジーニの代役というヤクルトの期待には応えられず、1年で退団することになる。


かと思えば、米国での期待を激しく裏切った人も。平成19年に海を渡った**井川慶**だ。ポスティング制度でヤンキースが落札した金額は、30億円。しかし、1年目に2勝しただけで、3年目以降の3年間はマイナー暮らしに終わった。ニューヨークでの評価は、一発屋以下かもしれない。

それでも同時期、松井秀喜が主軸として活躍していたため、ヤンキースファンの日本人選手に対する悪印象は緩和されていたと思われる。「ゴジラ」という愛称は現地でも親しまれた。そして、彼の出現により、あちこちに「**○○のゴジラ**」が発生したことも印象深い。そのうち、**赤ゴ**

ジラ（嶋重宣）や**浪花のゴジラ（T - 岡田）**、**アゴジラ（内川聖一）**は大成したが、多くは一発屋にもなれずに消えていった。また、甲子園での5連続敬遠では相手投手の**河野和洋**も歴史に名を残すことに。一発屋的存在として、平成29年にも『爆報THEフライデー』でとりあげられるなど「あの人は今」の対象と化している。

そんなゴジラ絡みのエピソードのなかでも、特筆したいのが**松井昌雄**の存在だ。いわゆる「**ゴジラパパ**」だが、息子の七光りで歌手デビューを果たした。**平成15年、香西かおりとのデュエットで『ゆきずり物語』**をリリース。2万枚以上売ったのだから、バカにはできない。

といいつつ、当時『月刊アサヒ芸能エンタメ！』に連載していたコラムではこう茶化させてもらったものだ。

香西かおり＆松井昌雄 シングル『ゆきずり物語』（UNIVERSAL.J UPCH-5224）

「とまあ、とかく脱力させられる野球選手絡みの歌だけど、その最高峰に君臨するのが落合夫妻のデュエットソング。もはや、地球上から消えたかと思いきや、今も落合博満野球記念館のBGMとして使われているらしい。そして恐ろしいことに、ゴジラパパも自宅の隣で松井秀喜野球の館を運営しているのだ。メジャーリーガーの業績を知ろうと訪ねてみたら、マイナーシンガーの歌が迎えてくれる、なんて可能性も十分」

それが後年、この心配が現実以上のものとなった。平成27年『炎の体育会TV』において、松井が親友のデレク・ジーターを故郷でもてなすという企画が実施されたのだが、そのクライマックスでのこと。ゴジラパパが平成18年のソロデビュー曲『おもいでの小樽』を歌ったのである。

ジーターはとりあえず褒めていたものの、マライア・キャリーとつきあったこともある米国の大スターだ。彼女の生歌だって、聴いたことはあるだろう。ゴジラパパは世界の歌姫と肩を並べたわけだ。サッカー関係でも、ゴン父こと中山儀助（息子は中山雅史）のような人気者が出たが、さすがにここまでの勇者（？）はまだ目にしていない。

というわけで、この**サッカー対野球の一発屋対決・平成編**は、野球側の辛勝というところだろうか。次の御代にはこれ以外のスポーツも台頭するかもしれないし、今から大いに楽しみだ。

COLUMN

一発屋名場面その4　岩崎恭子と千葉すずの名言明暗

「今まで生きてきたなかでいちばん幸せです」
平成4年のバルセロナ五輪競泳女子200M平泳ぎで金メダルを獲得した、**岩崎恭子**の名言である。当時14歳の彼女はこれで国民的ヒロインになったが、次のアトランタでは決勝にも進めなかった。その五輪で金メダル候補だったのが、女子競泳チームの主将も務めた**千葉すず**だ。しかし、結果は惨敗で、そのかわり、別の名言を残すことになる。アトランタから衛星中継をした『ニュースステーション』でのことだ。

こちらは岩崎のそれと違い、五輪名場面集でもプレイバックされないから、ナンシー関のコラムを引用しよう。

「もう、何かっつうとメダルメダルって、メダルキ○○○みたい」

この五輪で日本競泳陣はメダルゼロに終わり、彼女はその戦犯扱いもされた。おかげで水泳連盟会長の古橋廣之進に嫌われ、次のシドニー五輪で標準記録をクリアしながら代表から外されたのはそれが原因ともいわれる。彼女は国際スポーツ仲裁裁判所に連盟を提訴したが、結局、岩崎とは明暗を分けてしまった。

しかし、シドニーの2年後、彼女は結婚。夫の山本貴司は次のアテネで銀メダリストになる。内助の功が評価され、夫婦で「パートナー・オブ・ザ・イヤー」にも選ばれた。3人の子にも恵まれ、幸せな家庭を築けているようだ。

これに対し、岩崎はハタチで引退して、30歳のとき、元ラグビー日本代表の斉藤祐也と結婚、翌年には子供も生まれた。しかし、平成30年に離婚。報じられた不倫についても認め、謝罪した。結婚前年には『サイゾー』で金メダル直後の取材攻勢を振り返り、

「当時は週刊誌などをよく読んでいたので『こうやって報道は作られているのかあ』なんて発見もありましたけどね（笑）」

と語っていたが、こんなかたちで週刊誌の主役になることは避けたかっただろう。

とはいえ、元夫にも不倫相手にも羨ましさを禁じえない。こちらが愛をささやいたとき、彼女ならあの「今まで生きてきたなかでいちばん幸せです」という言葉を返してくれるのでは、などとついつい妄想してしまうからだ。

ネオフォークとメンヘラガールズポップ 新ジャンルに刻印された平成の青春

『あの紙ヒコーキくもり空わって』19、『月光』鬼束ちひろ

平成中期の歌謡界におけるブームのひとつが「**ネオフォーク**」だ。そこから国民的デュオへと成長したのがゆずだが、かつては彼らと並び称されていたのが**19**（**ジューク**）である。平成10年にデビューし、翌年『**あの紙ヒコーキ くもり空わって**』がロングヒット。さらにその翌年『**水・陸・そら、無限大**』がシドニー五輪の日本代表選手団公式応援ソングに起用され、これもヒットした。この2曲で『紅白』にも2年連続出場しており、一発屋と呼ぶのは失礼な気もするのだけど……。

✸ 失速のかたち

一発屋感が拭い去れないのは、その芸風の特殊性と失速のかたちにある。

彼らは基本、**けんじ**（岡平健治）と**けいご**（岩瀬敬吾）によるデュオ。ただ当初は、そこにコラボレーションメンバーとして作詞もできるイラストレーター・**326**（ミツル）が加わっていた。のちにふたりだけでやるようになってから、けんじは「『紙ヒコーキ〜』の世界観は、ちっちゃいし弱いよね」と語ったが、むしろ逆だろう。従来のフォークに相田みつを的な要素がうまく嚙み合い、そこが幅広い層にウケる世界観につながっていたのだ。

では、その本質がどういうものだったかというと——。ひとつ興味深いエピソードがある。平成12年の成人の日『ＮＨＫ青春メッセージ２０００』にゲストで呼ばれ、けんじが発した言葉だ。

「僕ね、95年の『**青春メッセージ**』に応募したんですけども、落選しました」

念のために説明しておくと、この番組は昭和31年『**ＮＨＫ青年の主張全国コンクール**』として始まった弁論大会が平成元年にリニューアルされたもの。個人的には見ていてちょっと恥ずかしくもなる番組で、若き日のタモリが『ばらえてぃ テレビファソラシド』で「お笑い番組」だと揶揄したりもした。いわゆる「荒れる成人式」とは対極の、でもこれはこれで極端な若者像が世間標準とは乖離しているような印象もあり、19が呼ばれた4年後には終焉を迎える。

そんな番組に応募し、落選し、そして「リベンジ」（これも、けんじの言葉だ）できたことを喜ぶ感性に、ある意味なるほどと思ってしまったわけだ。すなわち、そういうところが年長者や子供にも好まれたゆえんなのだろう、と。

19 シングル『あの紙ヒコーキくもり空わって』（ビクターエンタテインメント VIDL-30410）

しかし、そのイメージを詞とイラストで発信していた３２６が脱退したあたりから、そういう面白さが薄れていった。いや「脱退」といっても、本人いわく「ハシゴを外され」たのだという。

「オレが作って、オレも元々メンバーだったはずなのに、いつの間にか2人組のフォーク・デュオになってて『あれっ？』と思ってる間に、解散して、いつか戻れるであろうという淡い期待みたいなモノも戻る場所がなくなって…知らない間に宇宙旅行に連れて行かれていつの間にか地球が消えていたみたいな感覚で」

平成27年のネットインタビューでの326の発言だ。かつて『噂の真相』には、幻冬舎やら糸井重里やらにたきつけられ、事務所から強引に独立したなどと報じられていたが、彼の言い分は事務所がデュオとしての売り出し一本に絞り、不要な存在になったというもの。テレビでは、人気のピーク時ですら月給が10万円以下だったという話も告白している。こうした経緯がどこか**一発屋あるある的な残酷物語**を思わせ、しみじみさせるのである。

ネオフォーク系の一発屋としては、ほかに**平川地一丁目**もいる。林龍之介と林直次郎による兄弟デュオで、**平成15年**にデビュー。シングルでは必ず、オリジナル以外に吉田拓郎、五輪真弓、山崎ハコ、村下孝蔵などの古典のカバーもしていた。また、デビュー曲『**とうきょう**』は斎藤和義のプロデュース。ただ、斎藤は当時、体調を崩すなどして精神的にも折れかけていたらしい。

それが、ふたりと出会い、ライブイベントに呼ばれて久々に弾き語りをしたところ「これしかない」とやる気を取り戻すことに。

「まだとても若かった子どものような彼らの、音楽を楽しむ姿が新鮮に映った」

とは、平成30年の夏に斎藤がラジオで語った言葉だ。そして、その夏、大人になった平川地一丁目は解散十年記念ツアーを行ない、一時的に復活した。

✸メンヘラガールズポップ系

話を『青春メッセージ』に戻すと、19が出た翌年には「うたいびとはね（現・唄人羽）」が呼ばれている。フォークと青春は、相性がいいのだろう。だが、その翌年にはちょっと意外な人が登場。鬼束ちひろだ。平成12年のロングセラー『月光』は今、ピン芸人のあばれる君がコントのBGMに使っている。ジャンル的にはおそらくフォークではないものの、山崎ハコや森田童子を平成で引き継いだのはこの人かもしれない。

また、一発屋ともいいきれないが、時々やらかしてしまうところになんともいえない一発感がある。有名なのは平成24年、ツイッターで「あ～、和田アキ子殺してえ」「何とか紳助も殺してえ」とつぶやき、謝罪することになった一件だ。

しかし、個人的にはもっと思い出深い一件がある。平成13年に『ミュージックステーション』に出たときのことだ。彼女はペットのハムスターを夏に熱射病で死なせ、冬には凍死させてしまった話をした。しかも、今はメダカを飼っているとして、

「水槽掃除をするたんびに、減っていくんですよ（苦笑）」

10匹が5匹になってしまった、という。これを当時『JUNON』で連載していた「今月の名言」企画でとりあげたところ、編集者から失言として問題化していると聞かされた。やむをえず、ここだけほかの誰かの発言に差し替えるはめに。彼女のようなアーティストには生きづらい世になったと感じたものだ。

『Mステ』といえば、この2カ月後、こんな出来事もあった。活動休止を宣言したCoccoが

歌を披露したあと、その場から走り去ってしまったのだ。歌の前のトークでは「テレビに出るのとか好きじゃない」などと語っていたため、スタジオもお茶の間も騒然としたものである。

その光景に感銘を受けていたのが、同じ回に出演していた嵐の二宮和也。後年、「唄い終わりと同時に帰っていきその姿がとても印象的だったのを覚えています」と、振り返った。彼は「日本一歌詞が暗い歌手」こと柴田淳の大ファンでもあり、こうした「メンヘラガールズポップ」系のアーティストに愛があるのだろう。

Ｃｏｃｃｏには『強く儚い者たち』『樹海の糸』といった代表作以外に、絵本作家としての仕事もある。が、ここでは女優としての一発を推したい。平成24年に公開され、海外の映画祭でも高い評価を受けた『KOTOKO』だ。ヒロインが彼女自身を連想させ、自傷シーンの痛々しさが異彩を放つ。血と汗と涙のうち、血の要素がリアルに描かれた作品は貴重である。

少子高齢化が進み、若者の影がうすくなった気もする平成という時代。でも、その「青春」は音楽や映画にちゃんと刻印されたのだった。

天国か地獄か 電波＆ボキャ天芸人の残滓

猿岩石森脇、坂本ちゃん、真中瞳、ハッピハッピー。、ゴルゴ松本、なすび

ロシナンテというロバを覚えているだろうか。セルバンテスの小説『ドン・キホーテ』に出てくるほうではない。『雷波少年』でドロンズとともに旅をしたほうだ。

番組で人気（？）が出て、**平成11年**には写真集も発売された。タイトルは『**ロシナンテ写真集【へあぬーど】**』で、カメラマンは宮澤正明。この2年前には菅野美穂のヘアヌードを撮った人である。ロバを撮る仕事は楽しかっただろうか。

写真集発売を記念して、サイン会も開かれた。スタッフが脚を押さえ、蹄で足形を押させるわけだが、これまた何が楽しいんだかよくわからない。まぁ、ブームとはそういうものだろう。

このロバは経歴詐称でも話題になった。当初はドロンズが『進め！電波少年』の「南北アメリカ大陸縦断ヒッチハイク」で立ち寄ったペルーから来たロバという触れ込みだったが、実際は日本産だったのだ。日本テレビの広報部長は、

「本当はペルーから連れてきたかったが、検疫や輸送の問題で断念し、北海道の牧場で購入した。バラエティー番組の演出の範囲内と考えており、一種のシャレ。郵政省もそれぐらい分かってくれるでしょう」

と、説明。たしかに、この『**電波少年**』**シリーズ**という一連の番組群はそんな「シャレ」を面

白がるものだった。それゆえ、ここで世に出たタレントたちもまた、その浮き沈みがロシナンテの姿と重なったりするのである。

✸『電波少年』シリーズの浮き沈み

たとえば、シリーズ最高の成功例である**猿岩石**にしても「ユーラシア大陸横断ヒッチハイク」と歌の合わせ技で特大の一発を当てながら、そこにやらせ説も報じられ、やがて忘れられた。ロシナンテとの違いは、二人組だったため、明暗が大きく分かれたことだ。**有吉弘行**はどん底の時期をハダカ芸でしのぎ、有名人にあだ名をつける毒舌芸で再ブレイク。司会者として磐石の地位を築いた。

一方、**森脇和成**は焼肉店やテレクラの受付、環境保全会社の社員、ブランド品輸入貿易会社の営業などさまざまな職を転々としたあと、平成27年『しくじり先生』に、

「すごく番組に出ている**有吉弘行の元相方です**」

と言って、登場。芸能界への復帰を宣言した。しかし、うまくいかず、最近はユーチューバーを目指しているらしい。「しくじり」の理由については、

「根気がなかった」

と語ったが、それに加え、経済観念も足りなかったのだろう。最

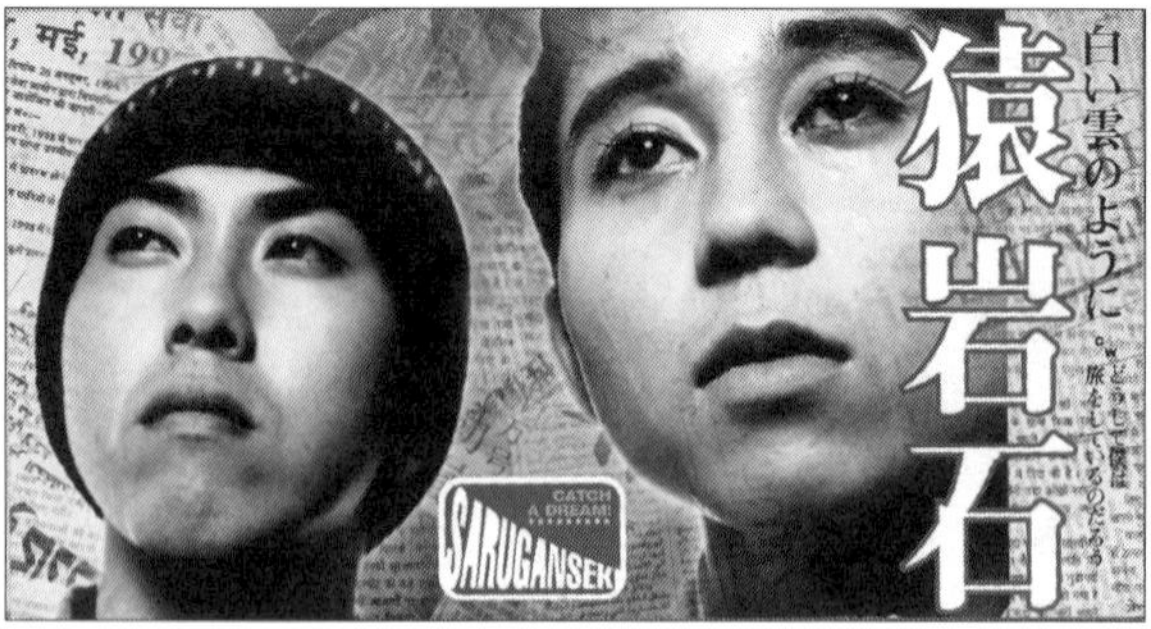

猿岩石 シングル『白い雲のように』［平成8年］（NIPPON COLUMBIA CODA-1149）

高月収2千万円を誇ったふたりだが、有吉はこの人気が続くわけがないと考え、節約して貯蓄したという。これにひきかえ、森脇は六本木で酒とバラの日々。そのあげく「毎日飲んでるなら、店開けば？」という知人の誘いに乗り、大損をしてしまう。『白い雲のように』では主旋律を歌ったのに、残念なことだ。

このふたりほどではないが、やはり明暗を感じさせるのが「**電波少年的東大一直線**」企画の**坂本ちゃん**と**ケイコ先生**だ。

坂本ちゃんはまだ山梨にいた若い頃、筆者が発行人を務めた雑誌『よい子の歌謡曲』によくイラストを投稿してくれていて、ブレイクを知ったときにはうれしく思ったものだ。そのユニークな画風は今も、彼のブログで確認できる。それだけに、平成27年に知った近況はさびしいものだった。

『しくじり先生』で、親との金銭トラブルと絶縁を告白。その後『日刊ゲンダイ』でも、「月に800万円なんて時もありました。だけど、アタクシ、生まれが貧乏だったので、稼いでも全然ぜいたくができなくて。親に頼まれて数千万円貸してしまい、もう残ってないんです」と、明かした。今は月5万円、風呂なし「倉庫みたいなボロボロの一軒家」でひとり暮らしだという。ほかに、パグ犬と陸ガメ3匹がいるものの、

「今も落ち込むと、ケイコ先生とカンヅメになった四谷のマンションの前に、家から自転車をこいで行ってみたりするの。そこからケイコ先生にメールすると、ケイコ先生ったら『あ、そうなんだ』とだけ。ホントに女子って冷めてるのねえ」

その「**ケイコ先生**」こと**唐木恵子は現在**「**春木恵子**」になっている。東大卒の美人家庭教師として坂本ちゃんとともにブレイクしたあと、女優を経て、浪曲師に転身。昨春、大相撲中継に好角家としてゲスト出演していたが、自分の道を見つけ、充実していることがうかがえた。

坂本ちゃん　シングル『受験生ブルース』［平成13年］（UMCK-5048）

改名といえば「電波少年的ハルマゲドン2（見知らぬ男女が核シェルターで共同生活したら愛は芽生えるか、という企画）」の**真中瞳**も今は「**東風万智子**」として活動中。『進ぬ！電波少年』のあと『ニュースステーション』でスポーツキャスターをやったり、連ドラ『メッセージ〜言葉が裏切っていく〜』に主演するなど破格の待遇を受けた。しかし、これを活かすことができず、平成18年に引退。語学留学を経て、4年後に復帰した。「役者一本でやりたい」という地道な覚悟だったが、前の所属先であるナベプロに勝手な引退で迷惑をかけたことから、芸名を変えざるをえなかったという。その後は、2時間ドラマなどにちょくちょく出演している。

✹片や『ボキャ天』シリーズの人びとは？

さて、改名の話が続いたところで**もうひとつの一発屋量産番組**『**ボキャブラ天国**』シリーズの話もしておこう。といっても、海砂利水魚からくりぃむしちゅーになったあの大物たちのことではもちろんない。おさるからモンキッキー、コアラからハッピハッピー。となった**アニマル悌団**

のふたりだ。

くしくも同じ**平成16年**、細木数子によって改名させられたふたり。それが正解だったかどうかは、もはやよくわからない。**おさる**は『スポーツマンNo．1決定戦』で筋肉芸人として体を張ったり、子供の頃からの習い事を極めて書道家・宇都鬼（ウッキー）として頭角をあらわしていたりもするが、芸名からして、おさるに戻したと思ったらまたモンキッキーに再改名したりと迷走気味だ。妻の山川恵里佳のほうが、収入も多いかもしれない。

それでも、共働きできるのはせめてもの幸いだろう。**コアラ**は平成19年、自身の浮気で離婚。8年近く連れ添った**三原じゅん子**とは夫婦でダイエット広告に登場し、雑誌の後ろのほうでたまに見かけたが、それもなくなった。平成21年には「赤坂ふ～ちん青山店」という中華料理店を任され、そちらのほうで忙しそうだ。

国会議員になった元妻が来店したかどうかを聞かれると、

「一度もないですね。共通の友人を通じてボクが店長なのは知ってるかもしれませんが…。離婚以来、電話もメールもしてないんですよ」

ちなみに、芸名はコアラに戻し、再改名はしていない。ハッピーでもないのに「ハッピハッピー。」などとは名乗りたくないのだろう。

かと思えば、平成11年に活動を休止、10年後に「ＪＩＮＲＵＩ」として復活し、平成23年から旧名に戻って活動しているのが「**松本ハウス**」である。活動休止の原因は、ハウス加賀谷の統合失調症罹患。相方の松本キックは、ピン芸人や役者をしながらその復調を待った。最近は『バリバラ～障害者情報バラエティー～』などで彼らにしかできないパフォーマンスを見せている。また、合同ライブでは、BOOMERやX－GUN、金谷ヒデユキ、スマイリーキクチといった「ボキャ天」仲間とも共演中だ。

独自の場所で独自の活動をする人には、**TーMのゴルゴ松本**もいる。「命」や「炎」など全身を使った漢字形態模写で一発当てたが、それを活かし、平成23年からボランティア講演をするようになった。全国の少年院などを回りながら、漢字を題材にこんな話をしているという。

「『人間』の『間（げん）』というのは、訓読みすると『あいだ』と読みます。だから『人』の『間』にあるのは『愛だ』って言い切っちゃうの（笑）」

少年たちには「親戚のおじさん」みたいに接して、一人でも「頑張ろう」という気持ちになってもらえたら、とも。

「芸能人になって顔が売れたからってエライわけじゃないし、俺だって一つの『命』であり、動植物とも変わらないと思います。ただ、芸能人としては、こういう講演をやっていかなきゃっていうのはありますね」

その講演は題して「**命の授業**」。日本でいちばん「命」にこだわる男にふさわしい仕事だ。『ボキャ天』自体、一種の教養番組だったからその延長線上にあるともいえる。

✹過激さの果てに

これに対し『電波』はテレビのタブーに挑戦する過激さが売りだった。それゆえ、企画を担う者たちは大なり小なり、無茶を強いられたものだ。たとえば「アフリカ・ヨーロッパ大陸縦断ヒッチハイク」を**チューヤン**とのコンビ「**朋友**」で行なった**伊藤高史**。俳優が本職ということもあって、帰国後、事務所のトップである柳葉敏郎が「あんな仕事をさせてすまなかった」と詫びたという話がある。

また、20年近くたってから、

「僕は本当のことを言うと、ハガキを書きながら何度も自殺を考えたくらい本当につらかった。僕が人間って怖いなと思ったのは、**僕の過酷なあの生活を、世の中の人たちは笑って見ていた**ということ」

と、告白した芸人も。「人は懸賞だけで生活をしていけるか」をテーマに、食べ物も服も運次第という「電波少年的懸賞生活」で人気者になった**なすび**だ。平成29年『週刊女性』のロングインタビューのなかで、その孤独感を切々と語った。

「中世のヨーロッパには死刑よりも重い刑があって、それは罪人を狭い部屋に閉じ込めて単純作業を繰り返させる、それで人間は自然に精神がおかしくなる、そういう刑なんですね。まあ、僕はそんな刑罰をやらされてたんですよ」

人気は得たものの、バラエティやドラマの仕事には馴染めず、もともとの夢だった舞台役者に転身。また、地元の福島で旅番組のレポーターもやったりした。そんななか、東日本大震災が起き、彼は支援活動をするうち、風化をさせないためにもっとインパクトのあることはないかと考え始める。そして、登山経験もないのにエベレスト登頂を決意。平成28年、4度目の挑戦で成功するのだ。

その際、クラウドファンティングによる資金作りに協力したのが、かつての「T部長」こと『**電波少年**』**シリーズを手がけた土屋敏男**だった。「ニコ生」でなすびを応援する番組を制作して、こんな言葉もかけたという。

「若い芸人にいろんな無茶をさせてしまったことを今は悔いてる」「あのころの自分は面白い番組を作る、視聴率を取りにいく、そこに特化してしまっていて、人として、もしかしたらおかしなことになっていたかも。今は贖罪の思いすらある」

土屋とは平成5年頃に『週刊テレビ番組』の取材で一度会ったが、テレビマンとしての誠実さが印象に残っている。彼の作る番組は総じて苦手だったが、人間的には好感を抱いたものだ。平成の芸能界を盛り上げたひとりであることは間違いない。

とはいえ、この一発のおかげで「懸賞」がトラウマになったというなすび。しかし、平成30年『帰れマンデー見つけ隊!!　10万円でできるかな懸賞1万通応募』に出演して、20年ぶりにハガキ書きに没頭した。最初は「正直、しばらくのあいだはハガキも見たくなかった」と話していたが、完熟トマトゼリーを当てておいしそうに頬張り、かつてのお家芸だった「当選の舞」も披露。「僕としては、懸賞で当たったことをみなさんで喜べるというのは、本当に生まれて初めてのことだったので」

と、笑顔を見せていた。20年も年月がたてば、トラウマも癒されたりするわけだ。『電波』や『ボキャ天』で一発当てた人もそこまで行けなかった人も、それなりによい思い出になっているといいのだが――。

3章

一発屋のエトセトラ

14年　小野真弓がアコムCMでブレイク
15年　古瀬絵里が「スイカップ」として全国区に
16年　窪塚洋介がマンション9階から転落、奇跡的に助かる
18年　カンニング中島、村田渚が死去
20年　美人すぎる市議・藤川優里が話題に
21年　classの津久井克行が死去
22年　水嶋ヒロが「齋藤智裕」の名で小説家デビュー
23年　光宗薫がAKB48のスーパー研究生として注目される
25年　桜塚やっくんが死去
27年　キングオブコメディ高橋が逮捕

「カワイイ」は世界に誇る文化、なのに一発アイドル総選挙

小野真弓、古瀬絵里、時東ぁみ、水沢アリー、美人すぎる○○、光宗薫

平成を代表するアイドルとして、ＡＫＢ48は外せないだろう。そのブレイクと隆盛に大きく寄与した「総選挙」というシステムは、ゆるキャラ総選挙やらスイーツ総選挙やら、さまざまなものに波及している。そんなわけで、ここで**女性アイドルの一発屋総選挙**をやってみることに。ただ、投票は各自、心の中で行なってもらいたい。大なり小なり、挫折も味わったであろう人たちにまた順位をつけるのはしのびないものだ。

✹ＣＭアイドル系

で、誰から行こうかと思ったら、ちょうどテレビの通販番組に**小野真弓**が出ている。**平成14年**「**♪はじめてのアコム**」でブレイクした人だ。当時、消費者金融のＣＭシーンはチワワを使ったアイフルのひとり（一匹？）勝ちだったが、彼女の登場で各社がこぞってアイドルを使い始める。安田美沙子だったり、井上和香だったり。だが、ＣＭとの一体化において、小野は突出していた。なにせ、アコムに「あの娘はどこのお店にいるの」という問い合わせが殺到したばかりか、街で彼女を見かけて「どちらのお店に勤めているんですか？」と聞く人もいたほど。彼女はサンミュージックなので、

「四谷のほうに」

と言ってごまかしたという。制服の名札も「佐藤」から途中で「小野」に変わったので、勘違いする人がいても不思議はない。「♪はじめてのアコム」を彼女自身が歌うバージョンも作られた。

ここまでCMと一体化できた理由について、彼女は、

「顔が笑い顔なんで（笑）」「普通で得したみたい」

と振り返る。じつは選考の最終段階、社内投票が行なわれ「身近にいそうで親近感がある」というのが決め手になったという。その最終選考には、のちにホラー系ピン芸人として売れる鳥居みゆきもいた。たしかに、こちらは「笑い顔」でも「普通」でもない。鳥居バージョンも面白そうだが、カネを借りるのが怖くなりそうだ。そう、小野のようなアイドルが消費者金融CMで重宝されたのは、借金の怖さを緩和するためでもあったのである。

なお、小野のエピソードや発言は『週刊アサヒ芸能』の「我が青春のCMヒロインたち」という特集にあるものだ。この特集ではコメント協力を求められ、こんな発言が使われた。

「『脱いでもすごいんです』の**北浦共笑**などは、CMが自身の代表作とも言えるだけに『**一発屋**』**として永遠にCMアイドルの殿堂に刻まれる**でしょう」

この人は**平成7年**、TBCのエステCMでブレイク。ただ、その3年前に「絶対キレイになってやる」で世に出て、女優としても活躍した坂井真紀ほどには売れなかった。

それと似たケースが、**星井七瀬**だ。**平成15年**、**3代目なっちゃん**に抜擢され、なっちゃん名義のCMソング『**ガラスのくつ〜なっちゃん**』も歌って、大々的にデビューした。「私はなっちゃ

星井七瀬 シングル『純愛15シミュレーション』（TOSHIBA-EMI TOVT-4716）

ん」「15秒だけのシンデレラ」という詞は秋元康で、曲は近田春夫。「七瀬」は「なっちゃん」に合わせた芸名である（本名は、由真）。勢いはまずまずで、正式なデビュー曲**『恋愛15シミュレーション』**もそこそこヒットしたのだが……。初代なっちゃんの田中麗奈や4代目の堀北真希、6代目の桜庭ななみのようにはいかなかった。

さて、なっちゃんはジュースだが、ビールで当てた人もいる。といっても、CMではない。東京ドームでビールの売り子をしていたことがブレイクのきっかけになった**おのののか**だ。

✸お天気お姉さんとグラドル

転職組としては、**半井小絵**のような人も。日本銀行時代に気象予報士の資格を取り、**平成16年**から『NHKニュース7』の天気予報を担当した。男性人気の高さから「**7時28分の恋人**」と呼ばれ、2年後には『紅白』にも登場して、会場から天気予報を伝えている。ただ、平成23年2月に『週刊文春』で大リーガー・建山義紀との不倫を報じられ、その影響かどうか、この年度いっぱいで降板してしまった。

それでも、彼女はまだいいほうだろう。入れ替わりのタイミングで『ニュース7』のお天気担当になった**岡村真美子**は、平成26年12月23日という中途半端な日を最後に降板を余儀なくされた。きっかけは『週刊文春』のこんな記事である。

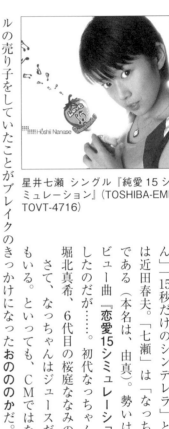

「NHKお天気お姉さん『変態ダブル不倫』低気圧　通称『魔法少女』は妻子持ち気象予報士と気象庁関係者の間で」

じつは筆者も、そのカワイイ魔法にやられていて、彼女の出演場面はほとんど録画していた。この数カ月前からコーナーを休むことが多く、ブログで咳などの体調不良を吐露していたので案じていたものだ。それがまさか、こんなことになる（なっていた）とは……。国立音大卒のピアニストでもある彼女いわく、

「好きな曲は情熱的な『カルメン』」

だそうで、まさにそれを地でいく色っぽい一発ではあった。

NHKと不倫といえば、**古瀬絵里**もいる。山形放送局の契約キャスターだった**平成15年**、その巨乳ぶりが注目され「**スイカップ**」というあだ名をつけられた。が、この注目度アップがあだになり、モンテディオ山形の監督・柱谷幸一との不倫を激写されてしまう。とはいえ彼女の場合、これが全国区デビューにつながったのだから、ある意味ラッキーなパターンでもあった。

その後も、セミヌードになったり、酒豪ぶりを活かしてCSで『古瀬絵理の美酒と温泉』という番組を持ったり。『日刊サイゾー』のインタビューでは「以前は、騒動を嫌がって胸を隠していたように見えたんですが」という問いに、

「いえ、実はそんなこともないんですよ。だってホラ、隠したって隠しきれないですから（笑）」

と答えるなど、けっこうたくましい生き方をしている。

セクシー系ではほかに、Eテレの料理番組『楽ごはん』に「谷間エプロン」で出演し、NHKが謝罪するという騒動につながった**手島優**のような人も。胸元の大きく開いたエプロン姿で、栄

養士の資格も持つIカップの彼女が「愛がいっぱい『ぷるるん』レシピ」を披露したのが「不適切な演出だった」というわけだ。が、これを考えたのはもちろんスケベなスタッフだろう。グラドルにとっては、名誉の負傷かもしれない。

あと「**グラドルの黒船**」と異名をとった**リア・ディゾン**は、22歳でデキ婚して1年後には離婚。さして実績もないのに『紅白』出場まで果たしたのはさすが「黒船」だった。

✹〝国際派〟とメガネっ娘

『紅白』といえば、**平成15年**には**女子十二楽坊**が出ている。こちらはグラドルではないが、NHKは外国の美女に弱いのだろうか。ただ当時、長井秀和は「よく見るとひとりひとりはそんなに美人ではない」として「数に騙されるな」とネタにしていた。ちょっと納得したものだ。

とはいえ、**アイドルの世界も国際化**したのが平成という時代。数えきれないほどの混血系芸能人、特に女性モデルが登場した。なかでも大成功をおさめたのがローラだが、そこに便乗して一発当てたのが**水沢アリー**だ。「**第二のローラ**」として一時は年間100本以上の番組に出るほどの売れっ子になった。

しかし、しゃべり方やキャラをローラに寄せすぎた結果「本当の自分を見失った」という。すなわち、ローラのタメ口や唐突な絡み方を真似ていたものの、それはローラだからこそ成立するきわどい芸風。彼女の場合は「噛み付く芸風」のようになってしまい、それがイヤになったというのだ。たとえば、収録前にスタッフから、

「スタジオにダレノガレと菊地亜美がいるんで、とりあえずケンカして！　よろしくね」

などと指示されたりする始末。彼女は自分を取り戻すため、2年間休養してから復帰している。

平成には**「ギャル」のブーム**もあり、そこからアイドルグループも生まれたりした。ギャル社長こと藤田志穂のプロデュースで、音楽をつんく♂が手がけた**「ギャルル」**だ。当初は**辻希美**、**ギャル曽根**、**時東ぁみ**という構成だったが、辻が杉浦太陽とデキ婚したため、代わりに安倍麻美が加入。ここで特筆しておきたいのが**「メガネっ娘」アイドル**の時東である。

この前年にはつんく♂プロデュースでソロデビューもしていて、メガネフェチには好評だった。平成26年には都内のバーを手伝っている姿が目撃され、その記事には、男性客のリクエストで松浦亜弥のメドレーを披露したとある。自分やギャルルの持ち歌じゃないのが悲しいところだ。

大物が手がけたのに売れなかったアイドルとしては、**Peachy**なんて人もいた。**平成12年**、ハタチのとき、奥居香のプロデュースでデビューしたが、パッとせず、**石井里佳**としてハロープロジェクトで活動。その後、シンガーソングライターになった。

時東ぁみ デビューシングル『せんちめんたる じぇねれ〜しょん』［平成18年］(Marvelous Entertainment MJD-23018)

ところが、彼女のデビュー曲**『スーパージェットシューズ〜未来を歩くくつ〜』**は意外なかたちで日の目を見ることに。同じ広島の後輩・**Perfume**が結成当時にカバーしたのだ。のっちの代わりに河島佑香がいて、3人ともまだ小学生。元気があふれまくりのパフォーマンスは、この曲がより未来志向でいられる子供たちにこそ似合うことを教えてくれた。音楽にもやはり相性というものがあるのだろう。

✹「美人すぎる○○」

女優系のアイドルは一発屋になりにくいが『魔王』で大野智の相手役をやった**小林涼子**や『ひとつ屋根の下2』で次女役だった**大路恵美**などにはそれっぽさがある。後者の場合、長女役の酒井法子がいろいろあったおかげで、名作ドラマ特集などが組まれる際、のりピーよりも彼女の場面が多く使われがちなのもおいしいところだ。個人的にもファンなので、ひそかな喜びだったりする。

ドラマではないが、**筧美和子**あたりも『テラスハウス』での一発で、篠山紀信撮影の写真集を出すところまで行った。かと思えば、**西内まりや**のように、レコ大で最優秀新人賞を獲り、月9で主演まで務めながら、事務所とのトラブルでほぼ消えた状態の人もいる。ドラマ『ガラスの仮面』で安達祐実のライバル役を演じた**松本恵**も、独立でモメたりしなければ違った人生になっていただろう。今は**松本莉緒**の名で、女優のほか、ヨガのインストラクターをしている。

芸能人でもないのに、アイドル化してしまう人もいて、たとえば**「美人すぎる女たち」系**がそのパターンだ。ネットを検索すれば、「美人すぎる女医」「美人すぎる弁護士」「美人すぎる社長」「美人すぎる野球選手」「美人すぎる海女」「美人すぎるハッカー」「美人すぎるホームレス」……

などなど、職業の数だけ存在していそうな状況だ。そのハシリが**平成20年**「美人すぎる市議」として脚光を浴びた**藤川優里**。平成29年には結婚したが、その翌年にも『ネプリーグ』で南部せんべいの髪飾りをつけ、八戸市をアピールしていた。

ただ、この手の人たちがつらいのは、かつてのキャッチコピーが見る者のハードルを常に高めすぎることだろう。38歳の藤川はそこそこキレイなおばさんではあるものの、さすがにもう「美人すぎる」というほどではない。

『有田哲平の夢なら醒めないで』で「美人すぎる○○と呼ばれた女の悲哀SP」が放送されたときも、森三中の大島美幸がこんなことを言っていた。

「美人すぎる○○は、すぎてはいない。って、私は思ってます。美人ですよ。美人ですけど、すぎてはない」

実際「美人すぎる」と言われて「たしかに！」と納得できるケースはそう多くないだろう。

これと似たつらさを感じさせるのが**「まいんちゃん」こと福原遥**だ。**平成21年**、10歳のとき、Eテレの子供番組『クッキンアイドル アイ！マイ！まいん！』のメインキャラに選ばれ、アニメパートの声も担当。二次元から抜け出たような美少女ぶりで、4年間にわたって圧倒的人気を得た。

藤川優里・著『八戸から愛をこめて』［平成23年］（光文社）

その後は『ピチレモン』でのモデル活動などを経て、16歳のとき、研音に移籍。プライムタイムの連ドラにも出始め、特に「劣化」を騒がれることもなく、美少女子役から美人女優へという稀有なコースを歩むかに思われたのだが……。

同学年に、強力なライバルが現れた。**「千年にひとりの美少女」こと橋本環奈**だ。ふたりは顔も雰囲気もよく似ていて、テレビを見た人が間違えてしまうほど。ただ、橋本のほうが世に出たのが遅いぶん、新鮮なインパクトがある。また、福原がちょっとまとまりすぎているのに比べ、当初は発声が今ひとつだったり、途中で太ってしまったりと、人間くさいところも漂わせ、それが親しみやすさにもつながっている印象だ。

そんなわけで、福原はあまり目立てないでいる。アニメの『プリキュア』シリーズで示した声優としての実力などを思うと、むしろその路線でトップを目指す手もあるのでは、と感じてしまうのである。

とはいえ、橋本のあと**「二千年にひとりの美少女」**と呼ばれて出てきた**滝口ひかり**のように、話題性だけで終わった人もいる。アイドルは歌手や役者以上に「魅力」という測定不能の要素に左右されるので、その浮沈はじつに予想しづらいというほかない。

✹スーパー研究生

さて、総選挙もいよいよ終盤。最後に、AKB48系の一発屋的な人を紹介しておこう。独特のぶりっこボイスでブレイクした**芹那**（SDN48）あたりを思い出す人もいるだろうが、個人的に外せないのが**光宗薫**である。

平成23年12月にAKBの公演でお披露目されたあと『週刊プレイボーイ』のグラビアを飾ったり、日曜劇場の『ATARU』にレギュラー出演するなど、ソロ仕事を次々とこなし「スーパー研究生」と呼ばれた。

しかし、翌年8月、体調を崩し、10月にAKBとしての活動を辞退。平成29年には、芸能活動そのものを休止するにいたった。

「私は10代の頃から摂食障害、強迫的な症状に悩んでおり、一時的に拘束してもらわなければ生活が儘ならない状態を繰り返しています。（略）近年は状態が落ち着かず、強い気持ちを持つ程バランスが取れなくなり好きな活動も徐々に辛いだけのものに変わっていました。そこで、再び愛を持って活動が出来るまでお休みをいただく事に決めました」

と、赤裸々な事情と胸中を告白。平成31年1月には、特技でもある絵画の個展を銀座の有名画廊で開催したが、本格的な芸能活動の再開は難しいかもしれない。

ＡＫＢとしての活動は、わずか10カ月。モデル系の中性っぽい容姿はそれまでにいないタイプで、期待も大きかったが、運営のゴリ推しだとして反発するファンもいた。そのせいか、唯一の参加となった総選挙では圏外という結果に。それが「ＡＫＢ48総選挙『落選』でにらみをきかせた光宗薫19歳」（週刊朝日）という記事になったりもした。こうした注目度による、当時のストレスは計り知れない。彼女にとって、苦い10カ月でもあっただろう。

ＡＫＢ系のファンではないので、総選挙に投票したこともなければ、さしたる興味もない。ただ、こちらの総選挙では迷うことなく、心の一票を光宗薫に投じたいと思う。

強すぎる個性や色気がアダに？イケメンも迷走する

窪塚洋介、阿部力、齋藤智裕（水嶋ヒロ）

イケメンが一発屋になることは珍しい。韓流ブームがそうだったように、一度人気に火がつくと、しばらくは女性ファンがついてきてくれるからだ。が、まれに一発屋的な人も出現。そんなときはだいたい、いわくつきである。

たとえば、**窪塚洋介**の場合「奇行」が仇になった。『**GO**』や『**ピンポン**』といったヒット映画に主演し、個性派俳優として世に出たものの、個性が強すぎた感じだ。当時流行した「アポロは月に行ってない。あれはアメリカのでっちあげ」という説にかぶれたり、大麻の効用を力説したり。そんななか、決定打となったのが、マンションの9階にある自宅から転落した一件だった。

奇跡的に死なずに済んだものの、また、自殺しようとしていたとの見方は否定したものの、世間はこの件でかなり引いてしまったように思える。復帰後は、かつてのような目立つ存在ではなくなってしまった。

一方、**阿部力**の場合は「女性トラブル」である。ドラマ『**花より男子**』のF4として、松本潤、小栗旬、松田翔太とともに人気を集めながら、元SPEEDの上原多香子といわゆる「ダブル不倫」をしたあげく、上原の夫（ET‐KINGのTENN）が自殺。当時は事情が秘められていたが、3年後、同じく元SPEEDの今井絵理子の不倫が騒がれた際、こちらも表面化してしまった。

翌年『花より男子』の続編というべき『**花のち晴れ**』が作られ、F4そろってのゲスト出演が期待されたが、彼だけは出番なし。失速の原因が原因だけに、復活は難しいだろう。


そしてもうひとり、水嶋ヒロがいる。いや、数々のヒット作に出た俳優としての彼を一発屋扱いしてはさすがに失礼だ。ここで一発屋と呼びたいのは、**齋藤智裕**。**平成22年**に処女作『**KAGEROU**』を発表した小説家としての彼である。

平成21年に歌手の絢香と結婚したものの、これが原因で事務所との関係が悪化し、翌年9月に退社。その際「執筆活動に専念したい」という決意が発表され、その1カ月後には本名で「ポプラ社小説大賞」を受賞することになる。これには出来レース説もささやかれたが、出版社側は「齋藤智裕＝水嶋ヒロ」だと知ったのは大賞決定後だと説明した。

しかも、賞金2千万円については、

「さらに多くの作品が生まれてほしい。そのために有効利用してほしい」

と、辞退。世間は少なからず違和感を覚えながらも「天は二物を与えたのか」とイケメン作家の誕生をもてはやした。

ただし、本が世に出るまではバタバタが続くことに。彼が辞退した賞金のうち500万円分のポプラ社刊行書籍が豪雨災害の奄美大島に寄付されたのだが、島民からは、

「こういう状況を一企業の宣伝に利用されていると思うと複雑だよ。あの本の山も、単なる売れ

残りなんじゃないかと勘ぐってしまう」

と、揶揄されたりした。また、印刷後に誤植が見つかり、シールを貼って訂正するという業界的には珍しくないことまで面白おかしく報じられる始末。

それでも、話題性は充分すぎるほどなので「発売2日目の時点で68万部」（ポプラ社・広報宣伝部）という超ベストセラーになった。読者の感想は賛否両論、というより、悪評のほうが多かったが、こういう経緯で世に出た本はとかく評価されにくいもの。問題はむしろ、その後の彼だ。

辻仁成に憧れていたというだけに、この成功から小説家の道を極めていくかと思いきや、一発屋で終わってしまった。その姿はある先輩作家とも重なる。昭和の終わりから平成の初めにかけて**『家族輪舞曲』**で一世を風靡した**椎名桜子**だ。デビュー前から「職業・作家 ただ今処女作執筆中」というキャッチコピーで宣伝を行なうという、マガジンハウスの仕掛けが奏功し、出版の翌年には彼女自ら監督を務めた映画も公開された。しかし、その後はパッとせず、表舞台から消えることに。

齋藤智裕もまた、翌年以降、雑誌の編集長を務めたりしたが、本格的な執筆からは遠ざかっている。水嶋ヒロとしての芸能活動もいたって地味で、最近は起業したりしている。

なお、平成30年のインタビューでは「娘の成長をつぶさに見ながら、きちんとケアしつつ働く」という理想を吐露。イケメンはイクメンとなり、それはそれで幸せなようではある。

死去に犯罪、事情はいろいろあるけれど やがて哀しき一発屋

class津久井、JAYWALK中村、団優太、平田実音、キンコメ高橋、桜塚やっくん、カンニング中島

平成20年2月「LIVE R35」というイベントが開催された。平成初期に大ヒットを飛ばした5組が共演するもので、オープニングを飾ったのは**class**。曲はもちろん『**夏の日の1993**』だ。

この直後、彼らのメンバーチェンジが行なわれた。ボーカルの**津久井克行**はそのままで、日浦孝則が岡崎公聡に交代。年末にシングル『**冬の日の2009**』、翌春にはアルバムも出した。しかし、10月に津久井が膵臓ガンで死去（享年49）。活動休止となる。メンバーチェンジによる再始動と津久井の発病とがどう関係していたのかはわからない。なんにせよ、ファンはショックだっただろう。

このイベントには、**JAYWALK**も出ていた。classがブレイクした平成5年に『**何も言えなくて…夏**』で『紅白』出場も果たしたバンドだ。こちらもその後、ファンにショックを与えてしまう。平成22年、ボーカルの**中村耕一**が覚醒剤所持で逮捕され、脱退を余儀なくされたのだ。

中村は執行猶予となったが、入院治療を経て、しばらく「主夫」をしていた。内縁の妻である矢野きよ美は名古屋の人気タレントで、書道家でもあり、この絆が彼には支えになったようだ。

classシングル『夏の日の1993』
（APOLON APDA-81）

平成25年、ソロアルバム『かけがえのないもの』を発表して復帰。ライブハウスを中心に活動している。

「ギター1本でも、とにかく、いただいた時間の中で精いっぱい歌っています」

というのが、還暦をすぎた老ミュージシャンの思いである。

同時代のJポップ系では、L⇔R（エルアール）も残念なことに。平成28年、ボーカルで作詞作曲も手がける**黒沢健一**が脳腫瘍で亡くなった（享年48）。平成7年に大ヒットした『KNOCKIN' ON YOUR DOOR』は一度聴いたら忘れられないサビがサンドウィッチマンのコントにも使われたりしたが、今となっては一抹の淋しさを禁じえない。

ところで「UNIT33」というユニットをご存知だろうか。売れはしなかったが、若手俳優ふたりが組み『香水工場』というシングルを出した。ひとりは中村獅童で、もうひとりは**団優太**。女優・団令子を母に持ち、平成2年『キモチいい恋したい！』でブレイクして『刑事貴族2』などにも出演した。しかし、38歳で自殺。『刑事〜』は水谷豊と寺脇康文という『相棒』コンビを生んだ作品だが、同じく自殺した田中実も出ており、個人的には哀しいイメージがつきまとう。

子役で活躍した人が早死にすることもあり、**平田実音**のケースはまだ記憶に新しい。子供向け料理番組『ひとりでできるもん！』の舞ちゃんである。十代後半で激痩せをきたし、引退したものの、平成21年のEテレ50周年関連記念番組ではVTR出演で元気そうな姿を見せていた。が、

7年後、肝不全のため33歳で死去。

しめっぽい話が続いたので、お笑いの世界に目を向けてみよう。とはいえ「やがて哀しき」だから、笑える話はなかなかない。それでも、ギリギリ「苦笑」レベルなのが**キングオブコメディ**の一件だ。その名の通り「キングオブコント」で優勝したほどの実力者だが、平成27年、高橋健一が女子高生の制服を常習的に盗んでいたことが発覚。コンビは解散となり、相方の今野浩喜はいま、役者として地味に生き残っている。

ただ『週刊文春』が明らかにした高橋のエピソードがちょっといいのだ。彼は同誌のエロ企画「淑女の雑誌から」の大ファンで、事件の1年半前にはゲストにも呼ばれていた。そのときの担当編集者いわく「中学時代、歯医者の待合室で」「バックナンバーを探してはこのコーナーを貪り読むほど好きだった」とのこと。編集者になりかわり、ローター挿入にまつわるネタにこんなツッコミをつけていた。

「膣に（実に）ケシカラン！」

これに比べたら、片方の借金が原因とされる**りあるキッズ**の解散は苦笑すらできない。まして、女子高生コンクリート詰め殺人事件の犯人のひとりだというデマをネットで流され、人生をむちゃくちゃにされた**スマイリーキクチ**にいたっては……。最近も、元グレートチキンパワーズの北原雅樹が酒気帯び運転で活動自粛というニュースが飛び込んできて、久々の話題がこれではなぁと感じたものだ。

そしてもちろん、亡くなってしまった人もいる。「スケ番恐子」こと**桜塚やっくん**（享年37）

は交通事故、松浦亜弥になりきった**前田健**（享年44）は虚血性心不全、ふたりは奇しくも女装系というか「男の娘」系だ。アントニオ猪木のものまね芸人・**春一番**（享年47）は酒好きが祟り、肝硬変で世を去った。また、ボキャ天でもオンバトでも一目置かれた**村田渚**は平成18年、クモ膜下出血で急死。その翌月には、同じ35歳で**カンニング**の**中島忠幸**が人生の幕を閉じている。

中島はコンビとして大ブレイク中の平成16年、体調を崩し、白血病の宣告を受けた。病状は深刻だったが、相方の竹山隆範は「順調に回復している」と明るく振舞い、ピンで活動中の自分について、

「かわいそうな人として同情票で好感度を上げたり、モテたりしないかな、と……」

ギャグにしながら、奇跡を願った。

葬儀では「売れている芸人として送り出してあげたい」という思いから「**コンビとしてやる最後の舞台。みんな来てくれ！**」とラジオで呼びかけ、その後も、世間に覚えていてもらいたいと「カンニング竹山」を名乗り、中島の忘れ形見への経済的支援なども行なっている。

ただ、いまの竹山があるのは実際、中島のおかげでもある。コメンテーター的な仕事をこなせるのも、漫才という本業での一発が確かなものとして評価されているからなのだ。それを誰よりわかっていて感謝しているのは、竹山自身にちがいない。

4章

たかが数年前なのに……

23年〜31年

23年 東日本大震災、ＡＣ広告の仁科母娘らが話題に

24年 スギちゃんが流行語大賞を受賞

25年 ビッグダディが本を出版
川越シェフの「水」発言が物議をかもす
ざわちんがものまねメイクでブレイク

26年 佐村河内、小保方、野々村、名会見が相次ぐ
日本エレキテル連合がブレイク
Ｍａｙ Ｊ．が『紅白』で『レット・イット・ゴー』を歌う

27年 ラッスン、ダンソン、あったかい、リズムネタが続々ヒット
とにかく明るい安村がブレイクする
五郎丸歩のルーティーンポーズが話題に

28年 ショーンＫの経歴詐称が発覚

29年 豊田真由子のミュージカル調説教が話題に
にゃんこスターがブレイクする

30年 ひょっこりはんをはじめ、新たな一発屋予備軍が登場

ＡＣ広告、災害報道、そしてあまちゃん 震災と一発

仁科母娘、登坂淳一、能年玲奈→のん

平成23年は、東日本大震災が起きた年である。この出来事を境に、世界やら人生やらが変わったという人は少なくないが、はたして一発屋はどうだろう。というわけで、この年以降を平成後期とすることにした。まずは、この未曾有の災害が生んだ一発屋を見ていくとしよう。

震災後しばらく、テレビでひっきりなしに流れた**ＡＣジャパンのＣＭ群**。１０００を超す企業で構成されるＡＣには、諸事情によってＣＭ枠があいたときにその穴を埋める役割があるので、必然的な現象でもある。ただ、なにぶん、人心が混乱した時期だし、オンエア量も膨大すぎた。震災直後の10日間、全ＣＭの８割をＡＣが占めるという異常事態において、好意的な見方ばかりとは限らず、なかには政府の公的機関だと勘違いして不満をぶつける人もいたりした。

たとえば「あいさつの魔法」シリーズ。「ありがとウサギ」などの可愛い動物キャラクターが、「**ポポポポ～ン**」

と登場して、あいさつを奨める内容で、癒される人も多かった。さらには、**このあとに訪れるゆるキャラブーム**にも影響を与えたことだろう。とはいえ、これにも「被災地ではあいさつどころではない」とクレームをつける人がいたのだ。

そんななか、知名度獲得とひきかえにとばっちりを食ったのが**仁科亜希子・仁美**である。乳ガ

ンや子宮ガンの検診促進を目的とした「大切なあなた」シリーズに母娘共演したが「しつこい」「こんなときに検診なんか行けるわけない」といった苦情が寄せられ、ふたりはこうコメントした。

「私達は少しでも力になりたくて、思いを込め、やらせていただいたお仕事です。ですが、今回の災害の状況、日に日に大きくなる被害や被災された方々のことを思うととても複雑な心境です」

それでなくともこのふたり、世間的には「**松方弘樹の元妻と娘**」という七光り的印象が強い。特に仁美にとっては、芸能人生最大の注目を浴びたのがこのCMというのも「複雑な心境」だろう。

そんなACのCM群以上に、需要が増したのが震災報道だ。こういうときはNHKを見る人が増え、人気者になるアナウンサーもいる。そのひとりが、**登坂淳一**だった。

もともと、若白髪と上品な雰囲気で「麿《まろ》」などと呼ばれ、親しまれていたが、震災当時は北海道勤務。それが震災報道の強化のため、応援要員として全国ニュースに復帰したのだ。それゆえ、ますます脚光を浴びることとなった。

ただ、彼にとってそれが幸せだったかはわからない。平成30年春に退局し、フジテレビ系の報道キャスターに転身という選択をすることになったのも、なまじ顔が売れ、世間の期待値が上がってしまったからだろう。そのタイミングで『週刊文春』にセクハラ・パワハラ疑惑を書き立てられ、フジのキャスターについては辞退するハメに。その後は『スカッとジャパン』で懲らしめられるダメ歯医者を演じるなど、バラエティ仕事しか出番がない。こちらも、震災に翻弄されたひとりといえる。

✹のんの居場所

しかし、震災と一発屋という意味で誰よりも象徴的だと思われる人は、別にいる。**能年玲奈（現・のん）**だ。震災の2年後に放送された朝ドラ**『あまちゃん』**のヒロインとして、シンデレラストーリーを実現した彼女は、数作でほぼ消えてしまった。

その決定的理由は、独立トラブルである。『あまちゃん』のミニドラマ企画にも主演するなど大活躍した『紅白』からわずか半年後の平成26年6月、彼女は事務所を辞めたいと言い出した。

事務所はこれを認めず、2年後まで契約を延長。映画『ちはやふる』やドラマ『重版出来』の主演も内定させた。しかし、彼女は傾倒する女流演出家と個人事務所を設立して、事務所に借りてもらっていたマンションも飛び出してしまう。これにより、内定していた作品は広瀬すずや黒木華に奪われ、トラブルが解決しないまま、彼女は開店休業状態となった。

その結果、誕生したのが「のん」だ。平成28年6月になっても、事務所が独立を受け容れず「能年玲奈」の芸名使用を禁じたため、彼女は新たな名義での活動を余儀なくされた。とはいえ、それでやっていけるほど芸能界は甘くない。たとえ同じ事務所のエース格・新垣結衣が勝手に独立して「ガッキー」でやっていくと宣言したところで同じことだろう。彼女と一緒に個人事務所を立ち上げた女性にしても、業界的にはほぼ無力だったのだから。

ではなぜ、彼女はこの女性にそこまで傾倒したのか。『あまちゃん』が始まるにあたり、女性週刊誌のインタビューにはこんな発言がある。

「今でも、ふだんの自分は『生ゴミ』みたいだと思います。仕事をしている自分、映像に映っているときの自分が一番『生きてる』って思えるので、本当に頑張らなくっちゃ、と」

じつはこれ、その女性の影響だった。朝ドラヒロインという大役をこなすにあたり、個人的な演技指導を頼んだところ「生ゴミ」呼ばわりされ、叱咤されたのだという。もともと「地元にいたころの自分があまり好きじゃなくて」と語っていた彼女にはこのスパルタ方式がハマったようで「生ゴミ先生」と呼んで慕うようになっていく。そして、独立まで突き進むわけだ。

とまあ、これが「ほぼ消えてしまった」ことの背景である。ではなぜ「ほぼ」なのかというと――。『あまちゃん』の舞台となり、筆者が住む県でもある岩手ではまだ「消えてない」からだ。

「のん」として再出発するにあたり、彼女は岩手県知事を表敬訪問。その後も地元のＪＡや銀行のＣＭやポスターに出たり、稲作などの地域おこしイベントに参加したりしている。**当てた一発ゆかりの土地で生き残るという、一発屋らしい道**を歩んでいるのである。

「銀河のしずく」（ＪＡ全農岩手）のＣＭではゴー☆ジャスら芸人とも共演した

　また、ザ・芸能界的な因習をよく思わない人のなかには、同情的な見方が生まれ、根強い人気や神格化も。たとえば『**海月姫**』や『**この世界の片隅に**』といった主演映画がドラマ化されるにあたっては「やっぱり能年（のん）じゃなきゃ」という声があがったりした。岩手つながりでいえば、源義経に肩入れするような「判官びいき」の恩恵も受けているのだ。

ただし、こうした評価は限定的なものにすぎない。これを書いているあいだにも、中国で化粧品のＣＭに起用されたというニュースが飛び込んできたが、一時よく耳にした「加勢大周、台湾で人気」といった話と似た**「一発屋あるある」的なもの**に思えてしまう。にらみをきかせるかつての事務所が潰れでもしない限り、完全復活は難しそうだ。

そもそも『あまちゃん』ブーム自体「祭り」みたいなものだった。脚本を手がけた宮藤官九郎という一種の天才が、震災の悲劇的イメージにパロディや郷愁をミクスチャーして独特のカオスを生み出し、それが熱狂へとつながったのだ。

劇中で頻用された決め台詞の「じぇじぇじぇ」にせよ、アメ横女学園芸能コースのヒット曲として流れた『暦の上ではディセンバー』にせよ、この「祭り」空間でこそ機能した。なかには**有村架純**、**松岡茉優**、**勝地涼（前髪クネ男）**のようにステップアップできた者もいるが、主役として「祭り」に同化しすぎた彼女はそうはいかない。もし独立トラブルが起きていなくても、ここでの印象が強すぎて「あの『あまちゃん』の……」という語られ方をし続けたことだろう。

とはいえ、この「祭り」を成功させた立役者はやはり彼女だ。震災後、被災地のあどけない幼女の天使的な笑顔の写真が癒されると話題になったが、極度の人見知りでトーク番組では挙動不審に見えるほどだった彼女はすでに19歳でありながらそういうものに通じる無垢な魅力があった。

というわけでこの人、**震災を忘れさせるために現れ**、**去っていった**という感がある。テレビでも街でも見かけないことがない岩手では、あくまで**「ほぼ」一発屋**という中途半端な状態ではあるのだけど。

どっちがワイルド？　ピン芸人ふたりの楽あれば苦あり

「ラブ注入」、あやまん、「ワイルドだろぉ」

一発屋とは縁の深い新語・流行語大賞。東日本大震災の年には「絆」「帰宅難民」「風評被害」「こだまでしょうか」（ACのCMで使われた金子みすゞの童謡詩の一節だ）といったものがトップテンに並んだが、そこにお笑い由来で食い込んだのが「**ラブ注入**」だ。

✹楽しんごの苦しみ

受賞者のオネエ系芸人・**楽しんご**は「かわいらしい言葉も入れたかったんじゃないかな」として、

「『流行語大賞に選ばれると仕事がこなくなる』なんていう変なジンクスがあるけど、そんなの気にしないわ」

と、コメント。しかし、前年のブレイク時からその将来性には疑問が投げかけられていた。

「果たして本当に笑っていいのかという危険さがあります。芸自体もいろんな屈折の末にたどり着いたであろう、見ていて、いたたまれないもの。それだけに、来年は嫌というほど出まくって流行語大賞に選ばれ、再来年には消えると思います」

放送作家・吉村智樹の「予言」だ。実際「**♪ドドスコスコスコ**」で始まるその代表的ギャグには、**下ネタ、ゲイネタ、リズムネタという負の三拍子**がそろい、キャラにもどこか無理が感じられた。

なにせ、中学時代はいじめられっ子。役者を目指したものの、Vシネマでも中国人や宇宙人の役しかもらえず、挫折してしまう。そこに手を差し伸べたのが『**エンタの神様**』だったわけだ。**パッとしない芸人の持ち味を引き出し、誇張して、一発ギャグを身につけさせる**という得意の手法で、彼に対しては「乙女キャラ」を付与。元AV女優の**すぎはら美里**と組ませた「**Mint姉弟**」として、そこそこ売り出すことに成功した。彼もここで何かを学んだのか、ピン芸人としてショーパブ芸を会得し、ブレイクしたのである。

その勢いで、同じ宴会芸系の女性集団「**あやまんJAPAN**」ともコラボ。両者のギャグを組み合わせた『**ドドスコぽいぽいのうた**』が配信され、ちょっと話題になった。

また、その一方で、本業は「整体師」だと公言。芸人としてのブレイクはそちらでも追い風となったが、

「『癒しんご』としてお客さんを癒してあげなきゃいけないのに、もう僕自身がヘトヘトで」

と、嬉しい悲鳴もあげていた。

つまり、これはもし芸人がダメになってもなんとか潰しがきくということ。しかし、彼は自ら、逆風を呼び込んでしまう。平成25年7月、当時の付き人男性に暴行したとして、翌年1月、書類送検されたのだ。

この事件はかつて『もののけ姫』の主題歌で一発当てた米良美一がゲイボーイに暴行した出来事を思い出させたが、こちらも打撃は免れなかった。芸能活動は自粛となり、整体師のほうも尻

すぼみに。彼はのちに「人生で一番つらいとき」だったとして、「自殺説が流れて『死んでいません』とツイートしたり……。食事も喉を通らなくなって意味不明なことを言ったり、パニックでした」

と、回想している。

それでも、示談が成立して芸能活動を再開すると、女性週刊誌のインタビューで、「実は、温泉ソムリエの資格も持っているので、旅番組に出てお湯に浸かったりしたいですね」

と、明るく再出発。また、

「『ラブ注入』はもう卒業！　これからは『かまって〜（3回繰り返す）てやんでぃ！』でいきます!!　前と変わらないとか言わないで♡」

新ギャグも発表していた。残念ながら、このギャグを披露しているところはまだ見る機会がないものの「前と変わらない」のは間違いないだろう。

✸ワイルドじゃないけど

さて、楽しんごの翌年（24年）、同じく流行語大賞にノミネートされたのが「**ワイルドだろぉ**」だ。こちらは「iPS細胞」「終活」「手ぶらで帰らせるわけにはいかない」などを押しのけ、**大賞にまで登りつめた**。受賞者はやはり、ピン芸人の**スギちゃん**である。

そのギャグは、普通やらないような無謀なことを言ってみて「ワイルドだろぉ」と締める、というもの。たとえば「コーラ」というネタでは、コーラの大きなペットボトルを片手に、「ペットボトルにキャップついてねぇぜぇ。飲みきれもしねぇのに買ってすぐキャップ捨てて

やったぜぇ。わりかし早い段階で甘いだけの水になるぜぇ。ワイルドだろぉ」

などとやる。これが、デニムの短パンノースリーブというワイルドな（？）格好ともあいまって、そこそこウケたのだ。

ただ、芸歴18年という苦労人ぶりもあってか、**一発屋予備軍的な哀愁**がすでに漂っていた。実際、人気は続かず、旅芸人的な仕事で食いつないでいる印象だ（ちなみに、こちらも温泉ソムリエの資格を持っている）。

とはいえ、イメージダウンには至っていないし、旅番組でも愛されている感じが伝わってくる。その理由としてひとつ考えられるのが、ブレイク真っ只中で起きた事故だろう。

平成24年9月1日『Qさま!!』収録中に高さ10メートルの飛び込み台からプールへダイブ。胸椎骨折という重傷を負ってしまった。しかも、その原因として『スパモク!!』での心霊スポットロケで呪われてしまったからという説が浮上した。その真偽はともかく、8月中旬の段階で本人も、

「あれから本当にいいことがなくて、めちゃくちゃ転んだり」

と愚痴っていたらしく、悪い予感が的中したわけだ。

しかし、この事故、損をしただけともいえない。1カ月近い休業を強いられたことで、一発ギャグの過剰消費が抑えられ、別の話題も提供することができた。さらに、気の毒な人という好意的な同情も獲得したのだ。

このキャラは4年後、同じサンミュージックの稼ぎ頭・ベッキーが不倫騒動を起こしたときにも、有利に働いた。カンニング竹山やダンディ坂野ら同僚芸人が自虐ネタに走るなか、彼も、

「オレが本気を出してるから、事務所は安心してるぜぇ～。テレビに出てなくても、見えないところで働いてるぜぇ～」

と、健在をアピールしてみせた。

見せてはいけないワイルドぶりを見せてしまって失速した楽しんごと、じつは全然ワイルドじゃないキャラを貫いているスギちゃん。震災直後の日本に笑いをもたらしたピン芸人ふたりの、ちょっとした明暗ドラマではある。

少子化ゆえの大家族幻想
学べるものもなくはないかも
亀田ファミリー、成田ファミリー、ビッグダディと美奈子

少子高齢化。この問題を抜きにして、平成の日本は語れない。このうち「高齢化」については、きんさんぎんさんブームのような肯定的な現象が生まれた。一方「少子化」については反動というか、郷愁みたいにしてウケたものがある。たとえば、**ボクシングにおける亀田ファミリー**だ。

もっぱら、そのビッグマウスぶりが話題となったが、注目すべきはむしろ**家族としての「濃さ」**だろう。父親がジムを経営し、三人の兄弟プラスその妹までもがボクシングで世界チャンプを目指すという生き方。そこには、**わかりやすい上昇志向という、昭和イズム**があふれていた。

そのわかりやすさを知るうえで好きなエピソードが、長男・興毅が初めて読書に挑戦した話だ。24歳のとき「知り合いの社長さん」から奨められ、一念発起して読み始めたという『ユダヤ人大富豪の教え　ふたたびアメリカへ篇』（本田健）。2ページ読んでは寝てしまうようなスローペースだったものの、いよいよ読み終わろうとするとき、インタビューでこんな感想を語った。

「たった1冊の本だけど、すごいなって、俺、本をナメてたなって気づいたんです。そういう意味でも、素晴らしい作品に出あえた。シリーズで400万部以上ですよ。この著者、金持ちやなぁ」

あぁ、なんというわかりやすさ。こういうノリをよく思わない人もいるだろうが、平成の日本

が失ってしまったものを彼及びファミリーが持ち合わせていることは間違いない。

そんな「濃さ」では、こちらの家族も負けていなかった。**スノーボードの成田ファミリー**だ。

こちらも父親の指導で、３人の子供が世界的スノーボーダーに。その上昇志向は平成30年、平昌パラリンピックで末っ子・**緑夢（ぐりむ）が金メダルを獲る**という成果につながった。ケガをして障害者になってもなお世界で戦おうとする気持ちのタフさはさすがというほかない。

ただ、こちらの「濃さ」を象徴するのは、兄と弟に挟まれて育った**夢露（めろ）**だ。親の離婚で母の側についていき、**今井メロ**に改名。しかし、平成18年のトリノ五輪で惨敗したことから、スキャンダラスな道へと足を踏み入れてしまう。そのきっかけは、家出して大阪の歓楽街・ミナミに身を投じたことだった。

本人いわく「お金はたくさんあったんです」ということで、

「だから、キャバクラで働き始めたのは、眩しい世界に憧れたからでした。（略）それまではスノーボード一色の生活で、着ているものもトレーニングウエアばかりでしたから、お姫様気分でしたよ（笑）」

これまた、女性ならではのわかりやすい上昇志向だろう。このキャバクラを手始めに、デリヘルやAVの仕事もこなし、かと思えば、整形やリストカット、生活保護受給といった経験も告白。バツ2にもなった。注目すべきは、二度の短い結婚生活のなかでしっかり子供もふたり産んでいることだ。

一人っ子が珍しくなくなった時代に「きょうだい」そろって有名になるような家族には、動物的本能に忠実な生命力が宿っているのかもしれない。

そんな、いわば「少子化反動系」の人気者たち。なかでも一発屋と呼ぶにふさわしい、徒花的インパクトを残したのが**ビッグダディ**こと**林下清志**である。

いわゆる大家族モノのドキュメント『痛快！ビッグダディ』の主役として、平成18年から断続的にテレビに出ていたが、本格的にブレイクしたのは同シリーズの最終回が放送された平成25年。この節目に『**ビッグダディの流儀**』という本を書き、メディアへの露出を増やしたことから、認知度が拡大した。

同時期に、二度目の妻・美奈子も『**ハダカの美奈子**』という本を出し、雑誌でセミヌードも披露。**ビッグダディ&美奈子ブーム**とでもいうものが起きたのだ。

ビッグダディがウケた決め手はやはり、連れ子も含めた子沢山ぶりだろう。最初の妻との実子が9人、その連れ子が3人、二度目の妻との実子がひとり、その連れ子が5人、三度目の妻の連れ子がふたり。その全員と同時に暮らしたわけではないとはいえ、凡人には気が遠くなる世界だ。これらの大人と子供がくっついたり離れたり、いろいろ騒動になるのだから、核家族やおひとりさまに慣れた平成の日本人が面白がったのも不思議ではない。

ではなぜ、ビッグダディはこんな平成ばなれした家族観を持ち、具現化してしまったのか。その発言から、ひもといてみよう。

まずは、美奈子と再婚した理由だ。

「俺はよその子を見て可愛いと思ったことがない。だけど、嫁の連れ子に会ったら、奇跡的に可愛いと思ったの。この子たちが俺のものになると思ったら、とてもうれしくて」

「美奈子は抜群にプロポーションがいいわけではないけれど、生き物としての肉欲を刺激する身体なんですよね」

また、子育てについてはこんな「理想」を語っている。

「親としては、なんでもしてあげたいって思っちゃうの。だから、欲を言えば本当は、自分で子どもを産みたいんですよね。赤ん坊が俺の腹に宿って、胎動が始まって『今、動いた!』っていう経験をしてみたい。わが子を一から育ててみたいんですよ……気持ち悪いですね(笑)」

こうした発言からうかがえるのは、その本能優先かつ実体験主義とでもいうものだ。これが結婚も離婚も、子供を作るのも引き取るのも躊躇なくできてしまう原動力だろう。

ちなみに、彼の本職は柔道整復師。ボディタッチをはじめ、体と体のコミュニケーションは得意だろうし、そのあたりも子沢山となったゆえんかと思われる。

なお、ブームが去ってからもビッグダディ劇場は続いた。平成26年秋、自宅兼接骨院が全焼したり、翌年夏には次男が『ハダシの熱志』という本を書いて元・継母の美奈子を批判したり。彼自身はホストに挑戦したかと思えば、飲食店も始めた。

パートナーについては、三度目の妻に続き、四度目の妻とも離婚。平成28年には「結婚願望を持っていて、すぐに結婚してくれる男性がいたらと、常に婚姻届を持っていた」女性と居酒屋で出会い「面白いな!じゃあ俺が書くよ」と、再婚したが、当然のようにすぐ離婚した。

ここまでくると、本人も半分冗談でやっているのだろうが……。結婚や子作りに二の足を踏む人が多いなか、強烈なアンチテーゼを放っているともいえる。こうなったらいっそ、政府は彼を民間登用してはどうだろう。用意するポストはもちろん、少子化対策担当大臣である。

鉄人バブルの名残り タレント料理人最後の輝き
川越達也、園山真希絵

いつの時代にも、メディアに出て有名になる料理人がいる。特に**平成初期には『料理の鉄人』**という人気番組があり、**道場六三郎**や**陳建一**らがカリスマ的な存在感を示した。また、ここでは審査員も注目を浴びることに。

「おいしゅうございます」

という決め台詞で知られた**岸朝子**や「魯山人の弟子」こと**平野雅章**といった面々を覚えている人もいるだろう。

ただ、彼ら以上に一発屋的なのは、挑戦者のほうだ。今も時々、旅番組やグルメ番組を見ていると、

「こちらのご主人は昔『料理の鉄人』に出たことがあるんです」「あの鉄人に勝利したんです」

などという紹介を耳にしたりする。生涯一度のテレビ出演、さらには有名料理人に勝ったことを誇るべき「一発」として店の経営に役立てているシェフや板前が全国にいるわけだ。

しかし、この番組は**バブルの名残り**の産物でもあった。テレビ局が高級食材をふんだんに使えた時代だからこそ、料理バトル漫画を現実化したかのようなゴージャスな世界を見せることができたのだ。

それでも、タレント的に活躍する料理人は**平成中後期**にも登場した。**ケンタロウ**に**平野寿将**、**茂出木浩司**、**園山真希絵**……。このうち、園山はイケメン俳優・**塩谷瞬**や世界的モデルの**冨永愛**との「二股」騒動でも話題をふりまくことになる。それを機に、メディアからは消えてしまったが、最近は「食陰陽師」としても活動しているらしい。

本人いわく「五行思想」を食に当てはめたうえで「日本の旧き良き食材や四季を考慮しながら、体と心も健やかにして、運気も上がる食を追求する」仕事だということだ。

そんなタレント料理人のなかでも、独特の印象を残したのが**川越達也**である。そこそこイケメンでトークも爽やかなことから、一時は引っ張りだことなった。「ジャンルにこだわらないイタリアン」が売りの「タツヤ・カワゴエ」も予約のとれない店として繁盛。さらには、コンビニおにぎりやキムチ、牛丼、パチンコの景品までプロデュースしたし、川越シェフ名義で『**お米のおはなし**』というCDも出した。「川越スマイル」の「川越シェフ」はひとつのブランドと化したのである。

が、平成25年5月、運命を変える出来事が。『サイゾー』のウェブサイトで「食べログ」について聞かれ「くだらない」「何をわかって書いてるの？」としたうえで、こう批判したのだ。

「僕の店も『**水だけで800円も取られた**』**と非難されることがある**。でも、当たり前だよ！いい水出してるん

川越シェフ シングル『お米のおはなし』［平成24年］（FLME FLCF-4427）

だもん。1000円や1500円取るお店だってありますよ。そういうお店に行ったことがないから『800円取られた』という感覚になるんです」

絶対音感ならぬ「絶対味覚」を持つと豪語する川越にとっては、これも正論なのだろうが、庶民的な人たちの反感を買い、炎上状態に。週刊誌の取材では、

「レストランという娯楽の中で、少しでも現実を忘れてほしいと僕は考えています。おいしい料理を提供したとしても、水がいつも飲んでいる水道水では覚めてしまう」

と、美学を語ったものの、影響は大きかった。

「店に無言電話や嫌がらせのメールもたくさん来ています。異議を唱えたいけれど、それでも曲解されてしまいそうで、もう黙っておくしかないのかなと落ち込みました。（略）メディアに出るのは減らそうか、出ても持論は抑えようかとか、もっと小さく本業をやっていこうかとか、最近はいろいろ考えました……」

そして、彼は実際、フェードアウトしてしまう。4年後『週刊文春』に直撃されると、こんな発言を。

「家庭のことと子育てもありますし、できることなら世の中の人から僕の存在は忘れてもらいたいくらいです」

たしかに、最近は地元・宮崎の農家とコラボ事業を立ち上げたりしているものの、自分の店は休業中。あとは、映画にチョイ役で出たり、ゴルフ雑誌に連載を持ったりと、かつてよりは地味な生活ぶりだ。

それにしても、この「800円の水」問題、もっと景気のいい時代ならここまで騒がれずに済

んだのでは。おそらく料理人がもてはやされること自体、贅沢なことなのだ。おらが町のシェフや板前が『料理の鉄人』で一発当てられた時代は遠くなってしまったようである。

ものまねニューウェーブ ただし、本物に左右されるのは変わらず
山本高広、キンタロー。、ざわちん、おかもとまり、HEY!たくちゃん、鳩山来留夫

かつて『**ものまね珍坊**』という番組が存在した。ものまね四天王と呼ばれた3人と1グループによる番組で、平成初期にはそれくらい、ものまねがブームだったのだ。そこから30年近く、ものまねは根強い人気を保ち、多士済々の人材を輩出してきた。そのなかには、一発屋的な人ももちろんいる。ちょっと気の毒だったのは、**山本高広**だ。

平成20年、織田裕二のものまねでブレイク。「キタ〜!」や「地球に生まれてよかったぁ!」などと本人以上に熱く叫んで世に出たが、当の本人から難色を示されてしまった。

「僕は笑えない。見ていると心配になっちゃいますよ。この人は、これで食っていけるのかな」

織田がドラマの会見で発言。さらには、所属事務所が民放各局に**前代未聞の通達**をした。

「物真似を企画される際には（真似される）**本人のイメージを尊重していただくようなルール作り**をお願いしたい」

これでは、山本もテレビ局もやりにくいことこのうえない。個人的には、織田裕二らしい反応

に面白さも感じたが、山本はこれ以上のネタを編み出せず、失速してしまった。

このように、本人にも気をつかわなくてはならないのがものまね芸のつらいところ。たとえば、**ホリ**が木村拓哉のネタをやり始めたときもちょっとヒヤヒヤしたものだ。が、こちらは問題なし。木村自身が田村正和などをプロレベルでコピーできる人だから、ものまねにも寛容なのだろう。

同じく、本田圭祐のマネだけでR-1ぐらんぷりにまで登りつめた**じゅんいちダビッドソン**も大丈夫なようだ。本田の場合、ものまね上手だとは思えないのだが!?

かと思えば、本人ではなく、そのファンから叩かれた人もいる。代表的なのが「**キンタロー。**」だ。**平成24年**の暮れに、ＡＫＢ48・前田敦子の名セリフ「私のことは嫌いでも、ＡＫＢ48のことは嫌いにならないで下さい」のものまねをテレビで披露。爆笑を誘ったが「許せません」「人として最低」というクレーム攻撃も起きた。しかし、彼女はめげずにこの芸を続け、翌年、大ブレイク。前田本人にＣＭで「フライングゲット」ポーズをものまね返しされるという栄誉にも浴した。
とはいえ、キンタロー。には社交ダンスという別の特技もあり、日本一になるほどの実力だ。そういう意味では、一発屋だともいいきれない。が、最近では欅

坂46のエース・平手友梨奈のネタをやり、またもやファンの逆鱗に触れた。**成功体験を追いかけ、繰り返す姿勢**はいかにも一発屋の習性といえるだろう。

また、キンタロー。がブレイクした直後、同じくＡＫＢ48の峯岸みなみが男性スキャンダルを起こした。これに便乗してものまねしたのが、**八幡カオル**だ。４カ月前にたまたま丸坊主にしていたとあって、対応も素早く、キンタロー。と組んでテレビにも出た。こちらのほうが、真の一発屋かもしれない。

ところで、平成後期には新たなパターンのものまねも生まれている。たとえば、**ざわちん**のものまねメイクだ。顔の上半分なら誰にでもなりきれる、という斬新な芸で脚光を浴び、**平成26年**に出した本『**ざわちん Ｍａｋｅ Ｍａｇｉｃ**』は15万部を超すベストセラーとなった。

ただ、この芸には先駆者がいる。**おかもとまり**だ。広末涼子似の顔と、勝俣州和いわく「女性芸人にしては汚れたところがない」というキャラで注目され、顔全体を使うものまねメイクを始めた。ざわちんからもリスペクトされているが、結婚して出産したという事情もあって、平成30年に引退。相手はかつて川嶋あいとＩ ＷiＳＨを組み『明日への扉』を大ヒットさせた**ｎａｏ**なので、一発屋夫婦でもある。

また、アゴものまねを得意とする**ＨＥＹ！たくちゃん**のような人も。ざわちんをライバル視しているが、いまいちブレイクはできず、最近は副業のラーメン屋をやりながらの芸能活動だ。

話をざわちんに戻すと——。

ものまねメイクの原点は意外とシリアスなものだ。ハーフとして生まれ、幼少期を母方の祖父母がいるフィリピンですごした彼女は、帰国後、小学校でいじめに遭い、色黒で外国人っぽい顔にコンプレックスを抱くようになった。そこで、母が日本人っぽく見えるメイクをしてくれたことから、興味を持ったという。また、友達とうまくつきあえるよう、校内の人気者のものまねもし始めた。

中学では、もうひとつのコンプレックスだった八重歯を隠すため、マスクで通学。中3のとき、憧れの有名人のメイクを真似してマスクもしてみたところ、かなり似せられることに気づき、あの芸の原型ができあがったという。

ここからレパートリーを増やしていき、ともちんこと板野友美のメイクでブレイク（ざわちんの名もそこから来ている）。キンタロー。に続き、この人もAKB人気を借りて世に出ているのが興味深い。さらに、日本の女性芸能人だけでなく、ミランダ・カーのような外タレや羽生結弦、テリー伊藤といった男性にも挑戦。なかでも最高傑作は、嵐の5人を再現した「ZAWARASHI」だろう。

そのかわり、ピーク時にはメイクのやりすぎで肌荒れに悩まされるという「職業病」も。HEY！たくちゃんも顎関節症のリスクにさらされているようだし、体の一部を使ったものまねは肉体労働でもあるのだ。

そんななか、マスクで半分隠された顔にも関心が集まることに。じつは中3のとき、彼女が初めて真似たのは「世界で最も美しい顔」ランキングで最高8位に選ばれたこともあるこの人だったのだ。

「親戚のおねえさんが部屋に貼ってあった桐谷美玲さんの写真を見て『似てない？』って言った

んです。大ファンだったからとにかくうれしくて、もっと近づくにはどうすればいいか、日夜、メイクを研究しました」

こんなエピソードでハードルを上げすぎたのがよくなかったのか、マスクをとった顔はそれほど話題にならず。まぁ、コピーがオリジナルを超えることはないということだろう。

そういえば、**オリジナルの浮き沈みに影響されやすい**のも、コピーのつらいところだ。清原和博のマネをする**リトル清原**は、テレビですっかり見かけなくなったし、**ガリットチュウ福島**は「サーファー姿のＴＯＫＩＯ山口」という絶品ネタを封印せざるをえなくなった。福島には他にまだまだ引き出しがあるとはいえ、見せてもらう側としても残念だ。

あと、政治家ものまねというのもけっこう複雑なものが。『ボキャ天』でいまいち芽の出なかった**ノッチ（デンジャラス）**はオバマそっくり芸人として一発当てたが、平成29年、米国の大統領がトランプに替わるとその威光も使えなくなった。

それでも、オバマ政権は２期８年も続いたのだから、よしとすべきだろう。鳩山由紀夫のそっくり芸人・**鳩山来留夫**なんて、わずか１年で人生のピークが終わってしまったのだから——。

泣いて笑って疑って……ちょっと同情
平成の会見革命

ゴーストライター、スタップ細胞、号泣

平成26年は、会見の年である。それも芸能人やスポーツ選手のような有名人ではなく、ちょっと前まで世間的には無名に近かった人が騒動を起こし、その会見が国民的関心を集めるというケースが相次いだ。

✹〝ＦＡＫＥ〟な作曲家・佐村河内守

まずは、**佐村河内守**。全聾の作曲家として「現代のベートーベン」ともてはやされながら、ゴーストライター問題で転落した男だ。

もともと役者や歌手を目指していたが（第二の矢沢永吉として売り出される予定もあったらしい）うまくいかず、映画やゲームの音楽を作曲するチャンスを得た際、作曲家でピアニストの**新垣隆**と組むことを思いついた。自分が指示をして、新垣が曲にするシステムだ。そのうち「耳が聴こえない」という設定が生まれ、にもかかわらず『交響曲第1番《ＨＩＲＯＳＨＩＭＡ》』のような本格的大作を発表し始めたことで、メディアが注目。平成13年3月には『ＮＨＫスペシャル』でとりあげられるまでになった。

ただし『魂の旋律～音を失った作曲家』と題されたその番組のなかで、彼が楽器を演奏したり、

譜面を書く場面は出てこない。薄暗い部屋で壁に頭を打ちつけたり、薬の飲みすぎで床を這いずりまわったりしながら、旋律が生まれてくるというまさに「魂の作曲」だ。それゆえ、障害や能力の有無を疑う声もあがることに。翌年2月には『週刊文春』で新垣がゴーストライターをしてきたと告白し、騒動が勃発するのである。

佐村河内は謝罪のファクスを発表したが、鎮火にはいたらず、3月7日、会見を開いた。トレードマークの長髪をバッサリと切り、サングラスもはずして。しかし、このイメチェンは逆効果だったかもしれない。俳優のピエール瀧みたいな風貌が、それまでの芸術家っぽいオーラまで消してしまったからだ。

しかも、途中から新垣を攻撃し始め、

「なぜ今、暴露したのか私にとって疑問でした。（略）新垣氏を名誉毀損で訴えます」

と、宣言。また、質疑応答の印象から、耳はかなり聴こえているのではという見方も飛び出した。

実際、女性週刊誌にはタクシー運転手のこんなコメントが。

「耳が聞こえないなんて、少しも感じませんでした。『新横浜までは、どの経路で行きますか?』と聞くと、しっかり道順を説明してくれました。全聾の音楽家として有名な人だなんて知らなかったので、驚きました」

一方、株を上げたのが新垣だ。こちらは告白記事に合わせて行なった会見での態度も終始、神妙で丁寧だった。おかげで同情的な見方が強まり、音楽家としての認知度もアップ。騒動後はむしろ、仕事が増えたという。

さらに、キャラクターが面白がられ、バラエティでも引っ張りだこに。大晦日には『絶対に笑ってはいけない大脱獄24時』で鼻クワガタをやらされたり、翌年には映画『ソロモンの偽証』の応援大使としてセーラー服姿になったりもした。

これらはもちろん、メディアが彼を誘って利用したわけだが、同時に彼にとってもおいしいことだった。バラエティのヨゴレ仕事をこなせばこなすほど「この人は頼まれるとイヤといえないんだろうな」というイメージを世間が抱き、ゴーストライター騒動についても、断れなかった気の毒な人という印象を持つにいたったからだ。

とはいえ、佐村河内に対し、新垣はこう「評価」している。

「彼はある意味、天才なんです。大きな仕事を取ってきたり、周りにとてつもない設定を信じさせたりというのは、常人にはとてもできないことです。憧れることはないけど、すごいなとはいまだに思います」

たしかに、このふたりは名コンビだった。新垣が独身ゆえ、BL的関係ではという噂までささやかれたほど。それはともかく、SとM、ペテンと実直という絶妙な取り合わせが、18年にもわたるそれなりの成功につながったのだろう。

ただ、その最大の決め手はやはり、新垣のいう「とてつもない設定」である。そういう意味で、この騒動から学ぶものがあるとすれば、感動ポルノの脅威だ。『24時間テレビ』が感動の押しつけという批判に耐え、根強く支持されているように。佐村河内は義手の少女や震災孤児ともコラボしており、その効果を知り抜いていたのかもしれない。

たとえば、乙武洋匡の不倫癖に世間が驚いたのも、障害者＝いいひとという図式を勝手に信じて、勝手に裏切られただけのことだったりする。新垣が事実上自らの作品でありながら、佐村河内名義の楽曲群の著作権を放棄したのは、美談込みで評価され、売れたことへの違和感も働いたのではなかろうか。

✸「リケジョの星」小保方晴子

続いて、佐村河内会見から約1カ月後の4月9日、注目度ではひけをとらない会見が開かれた。その年の1月、STAP細胞の発見者として、

「夢の若返りも可能かもしれません」

などと語り「**リケジョの星**」と騒がれた**小保方晴子**によるものだ。佐村河内の例にならうなら「現代のキュリー夫人」でもあり、30歳という若さも割烹着姿での研究ぶりもムーミンが好きという趣味も、ギャップ的魅力にあふれていた。

しかし、肝心の論文に不自然だとする見方が浮上。文章の盗用や画像の切り貼りを指摘され、管轄する理化学研究所も一部に捏造や改竄があったことを認めた。こうした状況を不服とした小保方が会見を開いたのである。

彼女はここでも、ギャップを見せる。体調不良で一時は入院したというのに、つやつやの肌や髪、ばっちりメイクのきらきらとした容姿で登場したのだ。そして、不注意や不勉強、未熟さを謝罪しながらも、

「**STAP細胞はあります**」「200回以上、作製に成功しました」

と、キッパリ。これにより、事態は紛糾し、彼女に分のいい見方も出てきた。そのなかには、

米国の陰謀説（彼女が以前所属していたハーバード大が、STAP細胞実用化によって生じる利権を手に入れるため日本にいられないよう仕組んだ云々）というのもある。

ただ、会見以降、世間の関心は別のものに変わった。もともと発見時のフィーバー自体、彼女の科学者らしからぬキャラクターによるところが大だったが、発見そのものが怪しくなったことで、彼女の女子力、それがこの一連の出来事にどう影響したのかということに注目が移ったのだ。

下世話なところでは、理研の上司で彼女を指導していた笹井芳樹との男女の仲（彼は妻子持ちなので、不倫ということになる）を疑う声も。8月に笹井が自殺したことで、こうした見方は沈静化したが、歴史的偉業は一転してありがちなスキャンダルとなったわけだ。

それゆえ、ネタにするバラエティ番組も。『ロンドンハーツ』では大久保佳代子が「STAP細胞はありません」とパロディにしたり『めちゃ×2イケてるッ！』では重盛さと美が「阿呆方さん」というキャラでコントをやろうとした。後者については、予告編の段階で小保方の代理人からクレームがつき、お蔵入りになったものの、重盛にとってはバラドルとしての代表作になっていたかもしれない。小保方と雰囲気がよく似ているからだ。

それはまた、**小保方がすぐれてアイドル的な人**だということでもある。騒動の2年後、手記『**あの日**』を出版し『婦人公論』で瀬戸内寂聴と対談した際、彼女は篠山紀信撮影のグラビアで純白にレースのミニ丈ワンピースをまとい、それはまるで昭和のアイドルのようだった。寂聴はそんな彼女の文才を褒めつつ「ピュアな方！」と評している。ピュアなことも少女趣味も、アイドルの適性であり、生命科学の最先端という「男（オヤジ）社会」のなかで、それが有効に働いたことは間違いない。

なお、彼女は平成30年『週刊文春』の原色美女図鑑に登場。同じく篠山の撮影で、グッチのロングワンピース姿が話題になった。そのアイドル性は「男（オヤジ）社会」ではまだまだ有効なようだ。

というわけで、この騒動もまた、科学信仰やら、スーパーウーマン幻想といったものを打ち砕き、現実を知らしめてくれた。若返りの薬も、女子力満載の天才科学者も、そんなに簡単に生まれるものではない。といいつつ、永遠の少女みたいに時間が止まったかのような彼女を見ていると、STAP細胞などなくても若返りは可能なのではと感じたりもする。そのほうがよっぽど、個人的には面白い。

✹「号泣議員」野々村竜太郎

面白いといえば、単純に笑えた、というか、大爆笑させられた会見もある。

7月1日、温泉などへのカラ出張疑惑を釈明すべく会見を開いた**兵庫県議の野々村竜太郎**。こちらはもう「現代の○○」などという昔の偉人からの連想すらない。ただただ唯一無二の「**号泣議員**」として語り継がれる存在である。

疑惑自体も、年195回の日帰り出張をしたあげく、交通費の領収書はいっさいなしで600万円を使い切ったなどなど、なかなかのものだが、会見のインパクトはそれをはるかに超えるものだった。

じつは会見のスタート時、彼はこんなお願いをしていた。

「質問にかこつけた暴言や恫喝というような形で、私が『怖いな』と感じた時点で、この記者会見は打ち切りにさせていただきますので、何とぞ、平常心を持って質問をしていただきますように」

そう予防線を張ったうえで、質疑応答に望んだのだが、途中で怖くなってしまったのか、こんな調子に。

「一生懸命訴えてぇえ～、縁もゆかりもない西宮市民のみなさまにぃい～、選出されてぇえ～、やっと、議員になれたんですぅう～っ！ううわぁ～、世の中うぉ～変えたいぃ～一心でぇ～」

いたずらを見つかった幼子みたいに泣きわめき、しどろもどろ状態。そればかりか、机をたたいたり、聞き耳を立てるしぐさをしたり、とにかく言葉だけによる再現がもどかしいほど、**筆舌に尽くしがたい珍パフォーマンス**を約6分にわたって繰り広げた。

その後は立ち直ったものの、当時あの姿を見た人はこの号泣部分しか記憶に残っていないのでは。この部分は動画としてもネットに流れ、海外でも話題になった。一介の地方議員が一瞬にして、世界的な有名人になってしまったのだ。

ちなみにこのとき、彼は47歳。政治と同じくらい結婚も大きなテーマだったようだ。この2年前、県議会の初質問に立ったときにはこんな発言を。

「婚活議員として運命の女性との出会いを求め、県営お見合いサポート事業に登録し、文字どおり身体を張って実益を兼ねて体当たり調査をしております」

その体当たり婚活も実らず、会見後は議員も辞職するハメに。約1800万円を返還したものの、政務活動費約913万円を騙し取ったとして詐欺罪で逮捕された。平成28年1月に開かれた初公判には、80席の傍聴券に1000人以上が殺到。1年半たっても「人気」は続いていたわけだ。

ただ、傍聴人が期待していただろう「号泣」はなし。ふさふさの髪もスキンヘッドのようになっていたが、**変人ぶり**は健在だった。

「記憶を確認しますので、しばらくお待ちくださいますようお願いいたします」

と断ったりしながら「記憶にない」「覚えていない」を100回近く連発。出張の具体的内容については、

「行ったと言われれば行った気持ちになるし、行かなかったと言われれば行かなかった気持ちになる」

と、はぐらかすような答えを返す。この半年後、懲役3年、執行猶予4年の判決が言い渡された。

ちなみに「号泣」会見について、平成ノブシコブシの吉村崇がこんなことを言っている。

「演技力はないけど、迫力だけなら香川照之さん並みにありましたから」

そう、どんな名優も、あるいはどんな芸人やユーチューバーもかなわないものがそこにはあった。この騒動から学ぶものはなさそうだが、あの奇跡の6分間は多くの人の記憶に残り続け、思い出し笑いをもたらすに違いない。

狙える隙間はもうハダカだけ？安心できないキワモノでの一発

「ダメよダメダメ」白目漫才「穿いてますよ」

『エンタの神様』などのネタ番組によって花開いた平成中期のお笑いブーム。それは昭和の漫才ブームのように、ネタを大量消費し、一発屋量産につながるものでもあった。そして『エンタ』のレギュラー放送は平成22年で終了。東日本大震災の起きた年を挟んで、平成24年、イレギュラーの単発SP放送で復活したものの、こちらは実力派芸人がメインで、一発屋が生まれる余地はほとんどない。

一発屋シーンは、新たな段階へと突入したのだ。お笑いのパターンがかなり出尽くしたなか、世に出るにはありきたりではないやり方を見つけるしかなくなった。

✹「キワモノ」的一発屋

そのやり方のひとつが「**キワモノ**」である。**平成26年後半**、大ブレイクを果たした**日本エレキテル連合**。女芸人ふたりがキモい印象すら与える厚化粧でオッサンとダッチワイフ（未亡人朱美ちゃん3号）に扮し、エロいやりとりを繰り広げるというネタだ。

ファミレスで耳にした中年男女の会話にヒントを得たという「**いいじゃないの〜**」「**ダメよ〜ダメダメ**」はヒットギャグになり、後者は**新語・流行語大賞の大賞**に輝いた。ブレイク時期も絶妙で、この年のハロウィンや忘年会ではコスプレ込みで真似をする一般人が続出。また、ファッションイベントでは3万4千人を相手に、このギャグを掛け合いして盛り上がった。

そんなふたりは松竹芸能の養成所で知り合い、平成19年にコンビを結成。旧名「日本パブリック連合」時代から知る人ぞ知る存在だったものの、コント愛の強すぎる**中野聡子**（オッサン役のほう）が衣裳を買いすぎ、多額の借金を作ってしまった。そこで、事務所を辞め、大阪から東京に出てやり直すことに。中野はもとより、**橋本小雪**（朱美ちゃんのほう）もガールズバーで働くなどして、借金を返し、タイタンに所属して新たなコンビ名で再デビューしたわけだ。

それでもしばらくは売れず、ブレイク前の冬には大雪が降ったのをよいことに雪をとかして飲んでいたという貧乏エピソードも。それが10カ月後には『紅白』にゲスト出演するのだから、人生はわからない。しかも、このときは森進一の応援だった。「だめよだめだめ」という歌詞のある初期のヒット曲『年上の女』を歌ったからだが、いわゆる「おふくろさん」騒動以降、落選の噂もくすぶっていた大御所にとってはタイムリーな話題が生まれて大助かりだったことだろう。

ただし、日本エレキテル連合はもともとマニアックでシュールな芸風が持ち味。このネタが飽きられると、テレビからは消え、今は舞台中心にネタを披露している。

さて、ふたりが『紅白』に出た前日『アメトーク』の「ザキヤマ&フジモンがパクリたい-1グランプリ」第2回で優勝したのが**ピスタチオ**だ。こちらは「白目漫才」でブレイク。ホスト出身の**伊地知大樹**と金持ちのお坊ちゃまという**小澤慎一朗**による吉本興業所属のコンビで、**ミョーなしゃべり方と変顔、早い話が白目をむく**という突飛なアイディアで人気者になった。

とはいえ、この芸風、かなりやけくそから生まれたもの。鳴かず飛ばずで解散も考えていた時期、なんでもやってやれと思いついたのだという。ところが、ライブで披露してみると、気持ち悪がる人も含め、初めて反応らしい反応が。これを機に、彼らの代表作となっていった。

しかし、この漫才には致命的な欠点が。表情で笑わせる分、ラジオや広い会場では面白さがわかりにくいのだ。それゆえ、ブーム終焉後は細々とやっていくしかないタイプの芸風といえそうだが……。

日本エレキテル連合・橋本の父が娘に贈った言葉を、彼らにも伝えるとしよう。

「ネットでは『一発屋芸人』と書かれることもありますけど、それも人生ですしね。あと、ああいう仕事は一発も当てられない人のほうが99%と聞きますから**『一発場外ホームラン』を打てただけでもたいしたもんだ**と思います」

ピスタチオの場合「場外」というほどではないが「ホームラン」ではあるだろう。芸能界の100分の1に入れたなら、立派な成功者といえる。

✸ハダカ芸人のきわどさ

こうした「キワモノ」と並ぶやり方が「**ハダカ**」だ。いわゆる裸芸自体は昔から、井手らっきょや江頭2：50、小島よしおといった人たちがやってきたものの、ここへきて登場したのは、タブーともいうべき男性の局部をメインのネタにする挑戦者だった。

まず、**とにかく明るい安村**。パンツ一丁で「全裸に見えるポーズ」をとってみせ「安心してください、穿いてますよ」という決め台詞でパンツ一丁に戻るというパターンをつないでいく芸風だ。彼はこれをＡＫＢ48の渡辺麻友のファースト写真集『まゆゆ』の表紙から思いついた。体育座りをして腕と膝で胸を隠し、これまた全裸に見えるのだ。

この発想は大いにウケ、**平成27年**2月に行なわれた『Ｒ-1ぐらんぷり』では決勝に進出。平均睡眠時間1、2時間という売れっ子となり、年末には新語・流行語大賞のトップ10にキメ台詞が選ばれた。

しかし、翌年3月、彼の運命は暗転する。それでなくとも一発屋になることが危惧されていたのに、わざわざ自分でその時期を早めてしまった。地元・北海道で元カノに再会して盛り上がり、妻帯者でありながらホテルに行ったところを『週刊文春』がスクープ。人気絶頂期ですら女性、特に主婦ウケがよくなかったハダカ芸人にとって、これは痛手だった。

おまけに、不自然な姿勢をとり続ける芸風があだになり、秋には椎間板ヘルニアで入院。腰に負担をかけないようにということもあってか、ボクシング映画のＰＲ役に起用されたのを機に、16キロの減量もした。ただし、この体型で新ネタをやったところ、いまいちパッとせず、取材陣から「芸も減量した？」と皮肉られてしまう。

平成30年10月にはゲームイベントに出て、夏に行なった韓国公演について報告。ただし「裸はダメなんですよね」という国情から「全身タイツ着て」という中途半端なパフォーマンスに終わった。とまあ、試行錯誤が続いているわけだ。

そんな安村とは入れ替わりのようにして、裸芸でブレイクしたのが**アキラ100％**だ。こちらはパンツすら穿かず、お盆などで局部を隠すバリエーションでハラハラさせる芸風。基本的に失敗が許されない分、熟練したテクニックが必要とされる。

そのためか、意外な人からのリスペクトも。まだブレイク前の平成27年夏『櫻井・有吉THE夜会』で片岡愛之助が「今いちばん会いたい芸人」として紹介したり、その翌年の大晦日には『絶対に笑ってはいけない科学博士24時』で原田龍二が彼に弟子入りしてお盆芸をコラボしたりした。

放送作家の鮫肌文殊も、

「コンプライアンス的には完全にアウトだ。しかし、**シンプルであるがゆえに強い**。おそらく日本語が全くわからないマサイ族の若者が見ても、南極のイヌイットの皆さんが見ても、絶対に日本人と同じところで笑うはずだ。非常にワールドワイドな芸なのである」

としたうえで、初めてナマの芸を見たときのこんなエピソードを明かしている。

「当時まだ結婚したばかりだった奥様からの『お仕事がんばってくださいね』って手紙をステージ上で読み上げるサプライズの演出を受けて、素っ裸のまま涙ぐむなんてくだらない名シーンもあった。ＭＣのウッチャンも大笑いしていた」

じつはアキラ、愛妻家としても有名。しかも、そこそこイケメンな細マッチョでもあり、安村とは対照的だ。そのあたりも、取って代わることができたゆえんだろうか。

ちなみに、**山田ルイ53世**は『一発屋芸人列伝』において、両者を取材。アキラのこんな発言を引き出している。

「でも、あの報道以降、安村さんの裸には〝生々しさ〟が滲み出てしまったかもしれませんね……」

あの報道とは、安村の下半身から「安心」を失わせるにいたった不倫騒動だ。とはいえ、アキラはこうも言っている。

「安村さんがいなければ、僕が世に出ることはなかったかもしれない」

実際、こちらも安泰というわけではなく、平成30年7月号の『日経エンタテインメント』では「嫌いな芸人」と「今年消える芸人」の二冠に輝くハメに。しかも、女性ではなく、30代後半から40代前半の男性の評価が悪かったことに、

「**いちばん支えられてると思ってた世代にいちばん嫌われてた**」

と、ショックを受けていた。「『裸ネタだけで10年生き残った奴』を目指したい」というアキラだが、前途は多難だ。

こうした芸のきわどさを知る者同士、ふたりは通じ合うものがあるのだろう。まさに、裸のつきあいのたまものである。

テレビより動画の時代 リズムネタはますます劇薬化した

「ラッスンゴレライ」「あったかいんだからぁ」「ダンソン」「本能寺の変」

「会う度に危険性は話しています。依存性があるので、**1回手を出すと精神的にも肉体的にも全てがボロボロになる**」

✹ラッスンの人

これはクスリの話ではない。お笑い界でいうところの「**リズムネタ**」のことだ。発言者は**平成19年**「**ラララライ体操**」をヒットさせた**藤崎マーケットのトキ**。**田崎佑一**とともに白いハチマキ、タンクトップ、短パンという姿で、エアロビクス風のハイテンションな動きをするこの芸は、平成を代表するリズムネタである。

で、誰にその「危険性」を話していたかというと、後輩の**8・6秒バズーカー**。こちらは**平成27年**に「**ラッスンゴレライ**」を流行させた。**田中シングル**と**はまやねん**が「ラッスンゴレライって何ですのん?」「ちょっと待ってちょっと待っておに〜さん」という台詞をメインに独特のテンポでつなげていき、動きの面白さでも見せる。袖をまくったワイシャツとズボン、ネクタイ、サングラスを赤と黒でまとめたこの二人組は、前年4月に結成されたばかりだった。それがわずか11カ月でＤＶＤをリリースするという、吉本史上最速のブレイクを果たすわけだ。

しかし、その人気の不安定さを誰よりも知るのが、藤崎マーケットだ。それゆえ、仕事で一緒になるたび、先輩として諭していたのである。ほかには、こんな注意喚起も。

「ラッスンの人とか呼ばれているのが、もう怖いことです。僕らもラララライの人、ライの右の人とか呼ばれていて、コンビ名が浸透しなかった」

ネタに出てくるフレーズが印象的なほど、自分たちの名前は覚えられにくく、ネタが飽きられるとともに、消える要因になりがちというわけだ。

しかも、**時代はさらにリズムネタの消費スピードを速めていた**。ラッスンゴレライは平成26年11月から火がつき始めたのだが、翌年2月『しゃべくり００７』に彼らが出たとき、ホスト側のくりぃむしちゅー有田はこんなことを言っていたものだ。

「正月旅行のときに好きになっちゃって、もう（動画を）観まくっちゃったのね。そんで、日本に帰ってきたら大ブレイクしてるわけよ。でも、そんときにはもうオレ、飽きてるのよ（笑）」

ユーチューブなどの充実により、面白いネタはわざわざテレビや劇場で見なくても、動画サイトで見たり見せ合ったり、いつでもいくらでもできるようになった。結果、**広まるのもすたれるのもあっという間**ということに。おかげで年末にはすっかり失速し、新語・流行語大賞のトップ10にも選ばれなかった。

その後、彼らは藤崎マーケットがそうであるように、リズムネタに依存しない漫才を突き詰めようとしている。

✹「歌ネタ」で紅白も

そんな「ラッスンゴレライ」と同時期にヒットしたのが、歌ネタの「**あったかいんだからぁ**」である。生み出したのは、**クマムシ**。スキンヘッドで小太りの**長谷川俊輔**が女性アイドルに扮して歌う曲の一節で「♪特別なスープをあなたにあげる」という歌いだしのあと、両こぶしを頬にあてるぶりっこポーズとともに披露される。初めて見たのは『Rの法則』だったが、JKタレントたちが大喜びしていた。相方の**佐藤大樹**がいう「怖い見た目とカワイイ動作のギャップで笑いが生まれれば」という狙いが見事当たったわけだ。

着ボイスとしても盛んに使われ、**平成27年**2月にはJポップ的体裁を整えてCD化。『ミュージックステーション』などの歌番組にも呼ばれ、年末には日本レコード大賞の特別賞にも輝いた。セカンドシングル『なんだしっ！』はいまいちだったものの、コンビ名にちなんだ9064枚限定のオリジナルアルバム『**特別なスープ**』が発売されるなど、ヒット曲不足にあえぐ歌謡シーンではけっこう歓迎されたのだ。

ただ、その勢いは続かなかった。作詞作曲担当の長谷川は「冬版のTUBEさんになりたい」とか「アイドルをプロデュースしてみたい」、かたや佐藤は「印税を折半していきたい」などと語っていたが、そこまでは甘くない。本業のほうも、漫才、フリートークとも全国区で残れるほどの実力はなかった。その後は佐藤の地元・富山での活動が増え『富山いかがdeSHOW』などに出演している。

ちなみに、コンビ名は佐藤の発案。実際にそういう名の虫がいて、

「火山の火口とか南極とか、住みづらいところでも生きていけるような、とても生命力旺盛な虫なんです。（略）そんな虫のように、この芸能界で生き残ろうぜ！という僕たちの思いを込めてつけました」

ということだ。逆に、メジャーすぎる環境では生きられないのかもしれない。

また、こちらも新語・流行語大賞ではベスト50止まり。こうした背景としてはこの時期、リズムネタや歌ネタが乱立して食い合うような状況だったことも大きい。

『あったかいんだからぁ』がCD化された翌月には、エグスプロージョンの動画「本能寺の変」がユーチューブに公開されたし「ラッスンゴレライ」と入れ替わるようにして、**バンビーノ**の「**ダンシングフィッソン族**」が流行り始めた。前年にブレイクした「**もしかしてだけど**」の**どぶろっく**も健在だったし「**ラッセンが好き〜**」の**永野**も上昇ムードに。地味なところでは、ムードコーラスの「和田弘とマヒナスターズ」最後のメンバーとしてキャリアをスタートさせた**タブレット純**が「**算数の文章題**」の不合理性をテーマにした漫談でささやかな一発を当てる。平成26年の暮れには、バイセクシャルの告白でも話題になった。

思えば「**右ひじ左ひじ交互に見て**」の**２７００**がテレビに学園祭に引っ張りだこになり、**ＣＯ**

ＷＣＯＷが「あたりまえ体操」を考案、そしてＡＭＥＭＩＹＡが「冷やし中華はじめました」でＣＤデビューした平成23年あたりから、リズムネタや歌ネタはお笑いの定番となったのかもしれない。「キワモノ」や「ハダカ」より、老若男女に幅広く支持されそうなところも強みだ。

✹「パーフェクトヒューマン」と「ＰＰＡＰ」

そんな「空気」をできるヤツはちゃんと察知する。リズムネタ歌ネタ乱立の翌年には、ふたつの大ブームが生まれた。かつて「武勇伝」で世に出たオリエンタルラジオの中田敦彦が実弟らを巻き込んでダンス&ボーカルユニット「ＲＡＤＩＯ ＦＩＳＨ」を結成。「パーフェクトヒューマン」を大ヒットさせ『紅白』出場まで果たしたのだ。

その『紅白』に企画枠で登場したのが、ピコ太郎である。「ＰＰＡＰ（ペンパイナッポーアッポーペン）」は動画から火がつき、世界的ヒットとなった。新語・流行語大賞でも、トップ10入り。設定上は別人だが「なかの人」である古坂大魔王にとっては、念願の大当たりといっていい。というのも、底ぬけＡＩＲ‐ＬＩＮＥ時代には爆笑問題やくりぃむしちゅー（当時は海砂利水魚）、ネプチューンらとともにボキャ天（『ボキャブラ天国』）芸人として活躍。才能の豊かさは自他ともに認める存在だったからだ。

周囲に反対されても「リズムネタ」にこだわり続けたというが、それは出身地も関係しているかもしれない。彼は高校まで青森で生まれ育ち、ドリフターズの大ファンだった。青森は当時、フジテレビ系の局がなく、最後までひょうきん族＜全員集合という構図が続いた土地。そうして見ると「ＰＰＡＰ」には「ヒゲダンス」さらには「ジス・イズ・ア・ペン」の影響が感じられる。

とまあ「リズムネタ」「歌ネタ」の時代だったともいえる平成後期。そのうち、一発屋と呼びたいなかには、せっかく当てたのに顔があまり売れなかった人もいる。**バンビーノ**の「狩られる側」こと**藤田裕樹**だ。

「ダンシングフィッソン族」というネタは「狩る側」こと**石山大輔**が「ダンソン♪フィーザキー♪トゥーザフィーサーザコンサ♪」と、アフリカの民族舞踊みたいなノリで動物に近づいていき、仕留めて「ニーブラ！」と叫ぶものだが、藤田は動物の着ぐるみ姿なので、顔がほとんど映らない。これだけ顔が売れなかった一発屋も珍しいだろう。

しかし、人によってはその顔を知らなくても想像することは充分に可能。じつは彼、落語家・桂きん枝の甥で顔もよく似ているのだ。石山いわく、

「最初の2年くらいは隠してて、急に明かされたんですよ。『ウソつけ！』って思ったら、年々、顔が師匠に似てくるから『こりゃ本物やな』と（笑）」

この発言が載っていた『週刊女性』には、ライブの告知もある。バンビーノにクマムシ、8・6秒バズーカー、そしてピスタチオによる合同ライブだ。一発屋好きとしてはぜひ、タイムマシーンに乗って見に行きたいもの。いや、誰よりもこの時代に戻りたいのは彼ら自身だろうか。

しかし、彼らが芸人として終わったわけではない。リズムネタや歌ネタにしても、飽きられやすいという「危険性」はあるにせよ、人々をいっとき大いに楽しませるものでもある。とりあえず、後世、この時代がテレビなどで回想されるときには「ラッスンゴレライ」や「あったかいんだからぁ」が使われてほしいものだ。でも「パーフェクトヒューマン」や「ＰＰＡＰ」のほうが優勢だろうな、たぶん。

遺伝子にも限界あり
二世タレント罪と罰
高畑裕太、清水良太郎、坂口杏里

1章で書いたように、二世タレントは存在そのものが一発屋的だ。デビューした瞬間、あるいは生まれた瞬間に何分の1発かを当てていて、そのあたりが有利だとされるゆえん。しかし、親と同じくらい活躍し続けないと充分に評価されず、くすぶっていようものなら一発屋に見られたりもする。

✺高畑淳子の息子

平成後期には、そんな二世タレントの不祥事が相次いだ。まずは、**高畑裕太**。演技派女優・高畑淳子の長男だ。平成27年の朝ドラ『まれ』ではヒロインの同級生を演じ、翌夏の『24時間テレビ39愛は地球を救う』ではメインパーソナリティに決まっていた。

個人的に印象深いのは、名作アニメを実写ドラマにした『あの日見た花の名前を僕達はまだ知らない。』での「ぽっぽ」役だ。『まれ』もそうだったが、青春群像劇をやる場合、野性的な肉食系の三枚目も必要になる。草食系のイケメン俳優が増えるなか、彼のようなタイプは貴重で、当分需要は安泰だと思ったものだ。

ところが、**平成28年**8月、彼は群馬県のビジネスホテルで強姦致傷事件を起こしてしまう。40

代の女性従業員を夜遅く部屋に入れ、性的暴行を加えた疑いで逮捕されたのだ。売り出し中の若手の不祥事とあって、影響を受けた現場は多く、特に『24時間テレビ』を4日後に控えた日本テレビは大混乱に陥った。

ただ、最終的には不起訴処分に。高畑側が合意があったと主張していたり、ハメられたのではとする説が浮上するなど、不可解な事件でもあった。それでも、芸能人としての「復権」はなし。そこにはおそらく、この件で「やばい」イメージが定着してしまったことが関係しているのだろう。

事件の3日後に開かれた謝罪会見で、母・淳子はこんなことを言っていた。

「芸能界に入って、見たことのないきれいな方を見て浮かれている様子はご存知だと思いますが、あのまんまです。男女問わず共演者をすぐ好きになってしまいますが、ここまで愚かだとは思いませんでした。女性に対して危ういなと思う危惧は常にありました」

このあたりについては『まれ』で共演した清水富美加（現・千眼美子）も「人との距離を測るメーターが壊れてますよね」と表現している。じつは、動物が相手でもまたしかり。『おじゃMAP!!』でのサファリパークロケでは、ライオンのいるエリアで車の窓を開けようとして案内員に注意されるなど、常軌を逸したお調子者ぶりを繰り返し、周囲をあきれさせたという。

ただ、そういうところが彼の魅力でもあるのだろう。それが活かせる芸能界であってほしいが、今は一度の失敗でも命取りになる時代。悩ましい問題だ。

✹坂口良子の娘

高畑の事件が騒がれるなか、別の二世タレントも世間を驚かせた。**坂口杏里**だ。ホスト遊びがこうじて借金地獄にハマり、アダルトビデオに出演することになったと報じられたのである。

母は「お嫁さんにしたい女優」としても人気を誇った坂口良子。娘がデビューしたときはまだ存命で、バラエティに一緒に出たりしていた。しかし、平成25年にガンで死去。死の5日前に、親子共演をしている化粧品広告の契約延長のため、スポンサーとの話し合いに出向くほど、娘の将来の心配もしていた。

そんな母を安心させようと、彼女なりに奮闘。翌年にはお笑いコンビ「バイきんぐ」の小峠英二との熱愛発覚で「美女と野獣」カップルとして話題になった。『週刊女性』のインタビューでは、

「確かにママを亡くしたときは落ち込みました。だけど今は、友達といると楽しいし、そこにコトゥーゲも現れて。カレは精神的な支えにもなってくれていますね。（略）もしもの話ですけど、カレをママに紹介していたら、とても気に入っていたと思います」

と語り、実際、仕事もそこそこ順調に見えたのだが……。小峠と別れ「精神的な支え」を失ったせいか、ホスト遊びに走ってしまう。「ママが残してくれたお金だから、手をつけないで取っておく」と言っていた遺産も使い切ったばかりか、借金まで作り、AVで出直そうとしたわけだ。

平成28年10月、**ANRI**と改名して出したデビュー作のタイトルは『**What a day!!**』。元カレ・コトゥーゲのコントでの決め台詞「なんて日だ！」を英訳したものだ。そして、第2弾

が『By KING』。こちらはズバリ、コンビ名ときた。

それでも、このあたりまでは熱愛という一発をなんとか活かそうとするけなげさと、シャレっ気も感じられ、同情や笑いを誘っていた。しかし、平成29年4月、彼女は恐喝未遂の疑いで逮捕されてしまう。交際していたホストに3万円の借金を断られ、ホテルでの写真をばらまくと脅したということだった。不起訴となったものの、イメージダウンは甚だしく、9月には引退宣言をして、キャバクラ嬢に転身。その後も『東京スポーツ』でストリップデビューを報じられたり（直前にキャンセルとなったらしい）デリバリーヘルスで働いたり（プレイした感想を『SPA！』で語った客も）と迷走（？）が続いている。

平成30年10月には、平成ノブシコブシ徳井が開催したトークイベントに登場して「とっても楽しかった！」としたうえで、

「私はやっぱり芸能活動をちゃんとしてた、自分の中でキラキラしていた頃の自分に戻りたい。って素直に感じました」

と、復帰への決意をインスタグラムで示したが、イバラの道ではあるだろう。

✹清水アキラの三男

彼女が引退宣言をした翌月には、清水アキラの三男・**清水良太郎**が芸能界を去った。父からものまねの才能を受け継いだだけでなく、イケメン俳優としてドラマ『ごくせん』やミュージカル『テニスの王子様』などでも活躍、私生活では深田恭子や観月ありさと浮名を流したあと、結婚して一児をもうけていたのだが……。

まずは2月、違法カジノへの出入りを写真誌に報じられ、4カ月ほど謹慎。復帰を果たしたものの、今度は10月に覚醒剤取締法違反の疑いで逮捕されてしまう。ホテルに一緒にいた女性が「薬物を飲まされた」と通報して、清水の尿検査をしたところ、陽性反応が出たのだ。彼の所属先は兄が社長を務めるファミリー事務所で、父が会見を行ない、やがて解雇処分となった。

このケースにおいて、印象をさらに悪くしたのは、彼の対応のまずさである。逮捕の12日前に放送された『今夜解禁!ザ・因縁』で、舞台共演をしたことのある美川憲一と対談。違法カジノ騒動について説教されたのだが、

「そもそも僕は違法な店と知らずに入って、騙されている側なんですよ」「捕まってもいないのに、なんでこんな大騒ぎ」

と、強気の弁明。記者会見をしなかった理由については「必要ありますか?」としたうえで、

「でも、その謝罪するのは、あくまでも僕はファンの方に謝罪したかったんですね。一番納得できないのが、今回の騒動で違う2世まで『2世は甘い』『2世はこう』。それは関係ないでしょ」

逆ギレに近い状態にすらなった。

それでも、美川は昔、クスリで逮捕され、それがいい転機になったという自身の経験を引き合いにして「逃げ切れちゃったことが逆に染みていないのよ、心に」と指摘し、

「変わらなかったら、この芸能界から消えるわね」

と、警告。まさか直後に清水がクスリで逮捕されるとは思っていなかっただろうが、予言が的中してしまった。ここで変われていたら……。彼にとっては芸能界にとどまれるラストチャンスだったのかもしれない。

✹何かに依存しやすい性格

それにしても、クスリで失敗する二世タレントは珍しくない。**平成30年**には、**三田佳子の次男・高橋祐也**が覚醒剤で4度目の逮捕。その8年前には、結婚して父になり、「自分の稼いだお金だけで、というのは人生で初めてですが、妻と子どもっていう家族ができたことで『稼いで食わせていかなきゃ』と」30歳にして自立できたことを語っていたが、その後、妻子が出て行き、元の状態に戻ってしまったと報じられた。

ほかにも、**中村俊太**（父・中村雅俊）**いしだ壱成**（父・石田純一）**橋爪遼**（父・橋爪功）さらには**若山騎一郎**（父・若山富三郎）**仁美凌**（父・上原謙）夫妻といった面々が、この十数年間にクスリで逮捕されている。

こうした現象について、親子関係の専門家は、幼少期のコミュニケーション不足を指摘。「家にいられない罪悪感」を「お金で償う」ような親の姿勢が子供の「何かに依存しやすい」性格を作りがちだという。三田と次男はその典型のようだし、高畑や杏里もクスリではない何かへの依存が見てとれる。

実際、大スターの子供ともなると、金銭感覚もすごかったりする。松方弘樹の息子・**仁科克基**は中学時代、父を真似て豪遊。同級生たちをひきつれ、祇園に繰り出していた。お年玉や小遣いだけでは足りず、父の財布から毎週10万円ずつ抜き取っていたが、そこには常時３００万円が入っているため、松方もしばらく気づかなかったという。そして、大人になった克基が多岐川裕美の娘・華子と離婚したとき、理由のひとつといわれたのがキャバクラ通い。それもこの時代に遠因があるのだろうか。くれぐれも、犯罪には気をつけてほしいものだ。

とはいえ、昭和の終わりには、横山やすしを父に持つ**木村一八**（父・横山やすし）がタクシー運転手を半殺しにしたり（63年11月）、勝新太郎と中村玉緒の息子・**奥村雄大**（現・鴈龍太郎）が殺陣で真剣を誤って使い、斬られ役が死ぬ（63年12月）という大事件も相次いだ。それに比べたら、平成の二世タレントの不祥事はスケールダウンしている、と思えるのがせめてもの救いだろうか。

ゲス不倫から始まった炎上ガールのラブウォーズ

ほのかりん、熊切あさ美、加藤紗里

ゲス不倫。**平成終盤のスキャンダルシーン**を振り返るうえで、重要なキーワードのひとつだ。**平成28年1月**に発覚したこの「ゲスの極み乙女。」のボーカル・**川谷絵音とベッキーの不倫騒動**。このスキャンダルの影響は、本人たちのみならず、さまざまなところに波及した。「文春砲」なる言葉が生まれて、数多くの有名人が冷や汗をかかされたのはもとより、川谷が作品を提供したＳＭＡＰの解散や、彼らの代表作『私以外私じゃないの』を歌ってマイナンバー制度をアピールした甘利明・経済財政政策大臣（現・自民党選対委員長）の辞任などなど。これらは「ゲスノート」による「ゲス解散」「ゲス辞任」として、都市伝説的にとりあげられたりしたものだ。

が、この騒動の最大の功績は、**色恋沙汰の面白さ**を思い出させてくれたことである。川谷は直後にベッキーと別れたあと、前年に結婚したばかりの妻とも5月に離婚。その4カ月後には、少女タレント・**ほのかりん**との熱愛が報じられたが、同時に彼女の未成年飲酒もバレてしまった。これにより、彼女は『Ｒの法則』を降板するハメに。川谷との仲も1年で破局したものの、この一発を活かして（？）歌手デビューすることができた。一方、川谷も最近、ほのかの友人でもあるモデルと新たな恋を始めたし、ベッキーも巨人の片岡治大コーチと交際中、というわけで、意外とみんな楽しそうなのだ。

実際、有名人同士の色恋は昔から大衆にとっての娯楽でもある。そんなわけで、ここ数年のその手の話題を一発屋視点で見てみるとしよう。

✹「崖っぷちアイドル」の乱高下

まずは、**熊切あさ美**をめぐる騒動。平成10年にフジテレビがおニャン子クラブの夢よもう一度と誕生させた**チェキッ娘**の一員としてデビューしたものの、解散後はバラドルを目指し、事務所に内緒でキャバクラに勤めてトークを磨いたという逸話の持ち主だ。その話をカミングアウトした際、明石家さんまに「**崖っぷちアイドル**」と呼ばれたのを機に、自らもそれを名乗って活動。その後、5億3千万というプロ野球史上最高額の契約金で横浜に入団した那須野巧との熱愛で注目された。ただし、この契約金は球界の規定をはるかに超えるものであり、その発覚も災いして、那須野は期待はずれに終わった。

ゲスの極み乙女 シングル『私以外私じゃないの』(WARNER MUSIC WPCL-12077)

熊切も名前を売った程度にとどまったが、平成25年、片岡愛之助との熱愛が報じられ、上昇気流に。崖っぷちから玉の輿に乗れるかもというシンデレラストーリーで脚光を浴びる。愛之助が上京したときにはマンションに泊めて至れり尽くせりのサービス。半年後、愛之助が『半沢直樹』のオネエっぽい金融庁検査官役で大ブレイクしたことから「あげまん」ぶりも証明した。

しかし、相手もひと筋縄ではいかない。若い頃にはホステスとのあいだに隠し子を儲け、熊切の直前にはつかこうへいの娘でもある元タカラジェンヌと交際していた。何より彼を「ラブリン」と呼んで慕うコアな女性ファンがいて、彼女たちからは「なんで熊切あさ美なのヨ」という大ブーイングが。これはかつて、矢田亜希子に対し、なぜ押尾学なんだよと叫んだ男性ファンに通じる心理かもしれない。

だが、こちらは結婚までいかなかった。平成27年5月、愛之助と藤原紀香との熱愛が発覚。熊切とは「4月くらいに別れた」と発言していると聞かされ、彼女は、

「ビックリしました。本当に寝耳に水という感じです」

と語った。じつは彼女の留守中に愛之助は私物を運び出し、一緒に飼っていた犬だけは置いていった、とも。その直後、ファンに「飼いたいペットは？」ときかれた愛之助は「猫」と答えた。まるで犬から猫に乗り換えるように、パートナーをチェンジしたということだろうか。

この場合、大いに得をしたのは紀香だろう。バツイチでもあり、長年喧伝されてきたほど女性ウケのいい人ではないが、**熊切よりはマシという相対的評価**から「なんで紀香なのヨ」という声はあまり出なかった。一方、熊切は破局後、

「逆にここまでされたから、気持ちがキッパリできた部分はありますね」

と、もっともな皮肉を言っただけで「ネタにしようとしているのか」などと反感を買ってしまう。女性週刊誌のアンケートでは「嫌いな女性芸能人」部門で和田アキ子、神田うの、泉ピン子といった常連に次ぐ4位に入った（5位は安藤美姫である）。しかも、この一発を最後にほぼ消えた状態だ。

✸狩野英孝と女たち

そういう意味では、男が叩かれたり、笑い者になって終わるパターンのほうがいいのかもしれない。それを実感させたのが、**狩野英孝**をめぐる騒動だ。

きっかけは「ゲス不倫」と同じ**平成28年**1月、歌手の**川本真琴**がツイッターで「特定の人へのメッセージです。（すいません、音楽と関係なくて）わたしの彼氏を取らないでください」と、つぶやいたことだった。この「彼氏」が狩野であると報じられたあと、モデルの**加藤紗里**が「去年の12月からお互い事務所公認の上で狩野英孝さんとお付き合いさせていただいています」とインスタグラムで宣言。これだけなら「2股」だが、その後、一般人も含め、彼女だという人が次々と出現して「6股」疑惑にまで発展するわけだ。

ピン芸人として「**ラーメン、つけ麺、僕イケメン**」のギャグで世に出た狩野にとってはある意味、有言実行ともいうべきプレイボーイぶりだったが……。この騒動でいちばん得をしたのは案外、加藤だったかもしれない。整形や豊胸も噂されたサイボーグっぽい容姿と、なんでもあり的な言動が面白がられ、バラエティタレントとして束の間ながらブレイク。とりあえず、一発屋にはなることができた。その後、地元の広島でカフェを開いたり、新しい彼氏のおかげでセレブな生活をしていることをテレビで語ったり。最近は政治に興

川本真琴 デビューアルバム『川本真琴』［平成９年］（ソニー・ミュージックエンタテインメント SRCL3946）

味を抱き「ゲス辞任」の甘利議員とツーショットを撮ってもらったりしている。

ブレイク時に稼いだ金で母にベンツを贈ったとかで、芸能界入りに反対だったという父も、「叩かれても言われているうちが花じゃけん。紗里ももう1回くらい、なんかやらんかのぉ」などと「二発目」を期待しているらしい。

一方、狩野も「6股」騒動では損をしなかった。むしろ「二発目」を当てたようにも思えたが、1年後、運命を変える出来事が。22歳だと聞かされて交際していた相手がじつは17歳の高校生だったため、淫行疑惑が報じられたのだ。

とはいえ、そこは狩野、会見でもらしさを見せた。「いつ、十代とわかった？」という質問には、

「『何か嘘をついていること、ない？』と聞いたら、間があったんです。（略）野性の勘、というか……。何かあるな、と自分の中で、勘が働いたんです」

と答え、相手の父親からフォローしてもらったことも明らかにした。

「一般人の方なので詳しくは言えませんが、ジャンルで言うと〝応援系〟…ですかね」

相手の父親から「応援」してもらえたのには理由がある。この高校生は元「地下アイドル」で、小学校時代から芸人の追っかけをしていたつわものだった。狩野に非がないこともわかっていたのだろう。

いわば、どっちもどっちな関係だったわけだが、狩野がこの手のタイプに弱いのもまた事実。平成24年に一般人と結婚した1週間後、モデルの**濱松恵**と浮気をしたこともあり、妻とは2年後に離婚した。濱松は平成29年にも、東京03の豊永明長に浮気をさせたつわものだ。芸能界には、

趣味と実益を兼ねて芸人を狙うこの手の女がウヨウヨしているのである。

ただ、芸人側も気をつけてはいるらしい。事務所によっては、相手が未成年だと疑われる場合、身分証を確認するよう指導したり。しかし、相手が姉の身分証を見せてカムフラージュするなど、いたちごっこだという。

✷ロボコップとLカップ

そして、引っかかるのは芸人だけとは限らない。嵐の松本潤が写真誌にセクシー女優の**葵つかさ**との3年交際を報じられたときのことだ。彼女がマンションに通うためのタクシー代を要求すると「お金を払うような関係じゃないよね？」と拒否。これが**「どケチ」エピソード**として面白がられてしまった。じつは、タクシー代と称して金銭を渡すのは遊び慣れた芸人の危機管理策でもあるらしいのだが。

そういえば、平成21年には角界のロボコップこと高見盛（現・振分親方）がバスト115センチの巨乳タレント・**松坂南**との密会を撮られた。彼女いない歴33年の33歳に訪れた春、とも騒がれたが、スポーツ紙と写真誌が同じ現場を押さえていたことや、仲介者とされた元横綱の曙が「彼女のことを知らない」と言ったことから、事務所ぐるみの「売名」説が浮上。『週刊文春』が「高見盛よ、目を覚ませ！　**君はLカップにダマされている**」という記事を掲載したりした。

この4年後、松坂は『東京スポーツ』のインタビューで「本当にお付き合いはしてないんです。お友達以上のことは何も……」と語り、

「私のＤＶＤを買ってくださって、家でそれを見ながら電話が来たことはありましたね。好意は

あったのかもしれませんけど……。（略）事実以上に騒ぎになってしまって『過熱しちゃったよね』と電話で話したことはありました」

と、コメント。とはいえ、彼女が当時所属していた事務所は過去にも明石家さんまに「ハニートラップ」を仕掛け、タレントの売り込みに成功した実績（？）もある。売名説が飛び出した際、高見盛は「最後まで南ちゃんを守る！」と宣言していたとかで、こちらはかなり本気だったのかもしれない。確かなのは、42歳の今も独身だということだ。

平成中期には、二度の不倫でキャスター業を棒に振った**山本モナ**のような人もいた。その相手も、のちに環境大臣などを歴任する細野豪志だったり、巨人のスター選手だった二岡智広だったりと、なかなかの大物。キャスターになると不倫をしてしまう行動パターンは謎だったが、その合間に『ビートたけしのお笑いウルトラクイズ！！』でスイカのかぶりものをして司会をしていたのを見たときは、何かわかるような気がしたものだ（あくまで、気がしただけだけど）。

ここに登場した女性たちは、いわゆる「**炎上ガール**」でもある。しかし、昭和には『燃えろいい女』というヒット曲もあった。資生堂のキャンペーンソングだ。色恋沙汰による炎上も「いい女」の証しだろう。ぜひ、誇りにしてもらいたい。

パワハラ落選、不倫辞職 政界ワイドショー

豊田真由子、宮崎謙介・金子恵美

米国のミュージカル映画『ラ・ラ・ランド』がヒットした**平成29年**、ミュージカル調の暴言で話題になった女性がいる。衆議院議員（当時）の**豊田真由子**だ。

✹「ちーがーうーだーろーー！」

事の発端は『週刊新潮』の「**その女代議士、凶暴につき**」と題したスクープ。この記事を皮切りに、彼女が男性秘書に暴行や暴言による「パワハラ」をしていたと報じた。秘書が証拠とすべくICレコーダーに録音したやりとりのなかには、

「このハゲ〜」「違うだろ、ちーがーうーだーろーー！」

といった悪口や絶叫、さらには「うん、死ねば？ 生きてる価値ないだろ」「鉄パイプでお前の頭を砕いてやろうか！」「お前の娘にも危害が及ぶ」といった脅迫まがいのセリフも含まれていた。また「豊田真由子様に向かって」とオレ様的になったり「あるんでちゅかあ！」と赤ちゃん言葉になったり、極めつけは歌いながら怒るミュージカルパワハラだ。

「♪お前の娘をひき殺しても〜 そんなつもりはなかったんですぅって〜 言われてるのと同じ〜」

この録音テープはワイドショーでも盛んに流され、3年前の「号泣議員」に続く政治家の珍パフォーマンスとして注目されることに。しかも、こちらは県議ではなく自民党の国会議員ときた。彼女は離党を余儀なくされ、安倍晋三総理も「やむをえない」とコメントした。

ではなぜ、彼女はこんなパワハラをしたのか。『ミヤネ屋』のインタビューでこんなことを言っている。

「あんなふうに異常な形で人に言っているというのは、どうして……、どうかしてたんだなっていう」

なんでも、この秘書が運転ミスをしたり、手紙の宛名を間違えたりと、失態を連発して支持者や後援者から叱責されることが続いたため、パニックになっていたのだという。それゆえ「なんで歌ったんですか」という問いにも、

「ふざけているのではなく（略）次はどういう苦情が来るのか、不安だった」

と、説明。「自分に自信がない」「小さいころから自己肯定感が低い」という自己分析もした。

ちなみに『週刊女性』には友人の証言として、彼女の母が父に「DV」を受けていたという話が紹介されている。暴力が身近にある環境で育ったとしたら、それも彼女の「パワハラ」に影響したのだろうか。

なお、この友人は中高を日本一の進学女子校・桜蔭でともにし、東大法学部でも一緒だったという。豊田はその後、ハーバードの大学院でも学んだ。それほどのエリートだったが、この騒動でミソをつけ、4カ月後の衆院選では最下位で落選してしまう。

ただし、なかには「かわいそうだ。男性の衆院議員なら、あんなのはいっぱいいる。気持ちは

わかる」（河村建夫・元官房長官）という擁護の声も。たしかに、この件は女性だからこそより大騒動になったのだろう。

✹不倫な議員たち

新語・流行語大賞にも「ちーがーうーだーろー！」がノミネートされた。「このハゲ〜」ではなかったのは、そういう男性たちへの忖度だろうか。なお、政治絡みの話としては前年「保育園落ちた日本死ね」がトップ10入りして、受賞式に民進党（当時）の衆議院議員・**山尾志桜里**が出席した。この言葉を書いたとされる30代女性のブログを国会でとりあげた経緯によるものだ（思えばこれも、女性による暴言だな）。

山尾はその後『週刊文春』に弁護士との不倫疑惑を報じられ、離党。豊田と同じく無所属で立候補したがこちらは当選して、立憲民主党に入った。

その衆院選で自民党から出て、落選したのが**金子恵美**である。その理由の一端は、夫の不倫だった。**平成28年**2月、同じ衆議院議員だった**宮崎謙介**が元タレントと自宅で連泊密会。こともあろうに、金子が出産間近で入院中というタイミングだ。

折りしも「ゲス不倫」で追い込まれていたベッキーが休業を発表。宮崎はこの元タレントと「怖いね。ＬＩＮＥの文面はこれから毎週消去しよう」と決めたという。しかし、数日後『週刊文春』の直撃を受け、その翌日、宮崎は金子に謝罪して相談。こともあろうに、長男が生まれた夜のことだった。

のちに『ダウンタウンＤＸ』で金子が語ったところによれば、

「病室に入ってきてから何時間もうだうだしていて、夜中の2～3時に聞かされました。（略）私の母に相談したら『恵美は隠されるより正直に、ウソは言わないほうが性格的にいいよ』と諭されて病室に入って来たんです」

こうした煮え切らなさは『週刊文春』が出た直後にも発揮され、国会で取材陣からダッシュで逃げる姿が話題に。結局、議員辞職となり、会見では、

「ひとことで言うと、私の非常に未熟な人間としての欲が勝ってしまった」

としながらも、

「結婚後、ほかにも女性関係がなかったとは申し上げません」

この元タレント以外にも相手がいたかのような発言で、墓穴を掘った。

ちなみに彼はバツイチで、前妻はのちに衆議院議員となる加藤鮎子。小泉純一郎や山崎拓とともに「ＹＫＫ」と並び称されながら「加藤の乱」で失速した加藤鉱一の娘だ。当時は父の秘書をしていた。

また、元タレントの告白によって、ＬＩＮＥでの口説き文句も明らかに。そのなかには「**私のど真ん中は〝ソナタ〟**」という、よくわからないセンスのものもある。

さらに、究極の「こともあろうに」が前年12月の「育児休暇取得」宣言だ。これを機に「イクメン議員」と呼ばれ、好感度も一時的にアップしたが、そのぶん、「出産中不倫」とのギャップはすさまじかった。

その結果、議員バッジも失うハメに。これは前代未聞のことでもある。平成8年に畑恵との「政界失楽園」で逆風をうけた**船田元**も、平成23年に「キレイなおねえさん」こと水野真紀とい

う妻がいながらホステスと浮気した**後藤田正純**も、議員は辞めずに済んだ。しかも、妻の金子まで1年8カ月後に落選。地盤や能力の違いはあれど、イメージダウンも甚大だったのだろう。

しかし、このふたり、議員夫婦じゃなくなってからも意外と元気でやっている。特に金子は美貌とトーク力を活かし、テレビのコメンテーターなどでも活躍中だ。平成30年8月には、夫婦で「終活」イベントに登場。金子が喪主となり、宮崎の「生前葬」を行なった。

「謙ちゃん、初めて会ったのは、国会議事堂でしたね。私がそちらに行くまで、ほかの女性には目もくれず、おとなしく、安らかにお休みください」

と、金子があいさつしたかと思えば、友人代表として**狩野英孝**が、

「ロケで初めてお会いしたとき『同じにおいがする』と声をかけていただいて」

と、宮崎との思い出を。ここまでくると、この夫婦、単なる目立ちたがり屋なのではという気もするが、それだけ失地回復に懸命なのだろう。

というのも、金子は『人生が変わる1分間の深イイ話』でこんな夢を語っている。

「私たちの目標は旅番組に夫婦で出る。旅番組に出たら『世の中に許された』と。勝手に思っているだけですけど」

夫婦で政界復帰、ではないのはそれなりに懲りたということだろうか。こうして**平成終盤には、政治もすっかりワイドショー化したの**だった。

アイドルかアスリートか スポーツとエロスの渾然一体
五郎丸歩、浅尾美和、カーリング娘、稲村亜美

とにかく明るい安村の「安心してくださいい、穿いてますよ」がヒットした**平成27年**、新語・流行語大賞のトップ10に肩を並べて入ったのが「**五郎丸（ポーズ）**」だ。受賞者は、ラグビー選手の**五郎丸歩**。マネをされた頻度でいえば、おそらく安村より上だろう。服を着たままできるし、子供がいたずらでよくやる「カンチョー」に少し似ているからだ。

✹それは「カンチョー」ではない

ただし、こちらはウケを狙って始めたわけではない。本人いわく、「ルーティンに関しては、大学1年の時にウィルキンソンのキックを見て以来、自分で試行錯誤し、何度も何度も修正して現在の形になっている」（『不動の魂桜の15番ラグビーと歩む』五郎丸歩）ということで、世界的大選手を参考にして始めた、プレースキックを蹴る前の精神統一法のひとつである。ちなみに本人はあのポーズばかりが注目されるのはうれしくないようで、この著書でも意識的に避けているようだ。もっとも、それほどの注目を浴びたのは、ラグビーというスポーツへの世間の物珍しさも働いたのだろう。イングランドW杯で史上最高の戦果を上げた日本代表だが、野球やサッカーに比べマイナースポーツなのは否めない。そこで、盛り上がりどころ

としてとっつきやすかったのが、リーダー格のイケメン選手がやる謎のポーズだったわけだ。

おかげで五郎丸人気はヒートアップ。女性週刊誌の「抱かれたい男グランプリ」ではスポーツ選手部門で1位になり、総合ランキングでも松本潤や木村拓哉に次ぐ3位に入った（4位は斎藤工だ）。CMにも引っ張りだこで、洗濯をしたり、焼きおにぎりを頬張ったり。「五郎丸」という船のような珍名も絶妙で、豪州のチームに移籍が決まったときは「五郎丸、海を渡る」という見出しが登場したものだ。

なかには、顔が似ていることから五郎丸ポーズを真似て、仕事を増やした井戸田潤（スピードワゴン）みたいな芸人も。不思議なもので、この人がやると「カンチョー」にしか見えなかったりする。

個人的に面白かったのは、**ジャポニカ**が発売した「**五郎丸自由帳**」だ。表紙はもちろん、あのポーズ。子供たちのあいだで「カンチョー」が流行しなかったか、ちと心配ではある。

心配といえば、平成31年秋（その時点では年号が替わっているはずだけど）に日本で開催されるW杯である。成功には彼のような人気選手の活躍が不可欠だが、年齢的にも下り坂になっていく時期。高校の部活で少しばかりラグビーをかじったことのある筆者としてはぜひ、二発目を期待したいところだ。

✹セクシーアスリートたち

さて、五郎丸がそのフェロモンで女子をキャアキャアさせた年、逆に男子を萌えさせた女性タレントがいる。**稲村亜美**だ。少年野球の経験があることから、トヨタ自動車の野球関連CMに起用され、オフィススーツ姿での「神スイング」が話題になった。

この一発を機に、始球式などのイベントにも盛んに呼ばれるようになり、セクシーな衣裳で時速１００キロを超える正確な投球を披露。しかし、これがハプニングにつながってしまう。平成30年３月、少年野球の全国大会の始球式に登板した際、興奮（？）した少年たちが投球直後のマウンドに殺到したのだ。

セクハラ案件として問題視する声も上がったが、彼女は「みなさんのパワーが伝わってきてわたし自身は貴重な経験をさせてもらえました」と、冷静なコメント。タレントとしても女性としても、株を上げた。

実際、この騒動はひとつの勲章といえるだろう。それまでにも、欽ちゃん球団の**片岡安祐美**や「ナックル姫」こと**吉田えり**のように、野球絡みで注目された女性はいたが、こういうことは起きなかった。これは稲村がむしろ「ビーチの妖精」と呼ばれた**浅尾美和**のようなセクシーアスリートの系譜に連なることを示している。

川合俊一にスカウトされ、高校卒業を機にビーチバレーに転向した浅尾は、一躍アイドル的存在に。いや、男性向けグラビアの仕事も積極的にこなすという意味で、アイドルそのものだった。

ほぼ同時期に活躍したバドミントンの**オグシオ（小椋久美子・潮田玲子）**コンビと比べても、そのサービスぶりは質量ともに格段の差だったからだ。

これは、ビーチバレーという競技の性格にもよるものだろう。たとえば、女子選手のユニフォームはヒップサイドが7センチ以下と定められている。もともと、海のレジャーとして始まったというのもあり、目の保養も重要視されているらしい。つまり、芸能向きな「見せる」スポーツでもあるわけだ。極論すれば、昭和の芸能人水泳大会に通じる需要もあり、グラドルばりの魅力を持つ浅尾はうってつけの存在だった。

結局、実力は五輪レベルに届かなかったものの、鮮烈な記憶を残して引退。結婚して母になり、平成28年に『踊る！さんま御殿!!』に出演した際には「子供が落ち着いたら、もう一度復帰すればいい」と勧められたりしたが……。

「お腹のたるみとかが気になる」「授乳中はスタイルよかったんですけど」と、元アイドルみたいなことを言っていた。ある意味、**芸能とスポーツがボーダーレス化した時代**を象徴するひとりだ。

そんななか、スポーツから芸能に転身する者も。長い歴史を誇りつつ、平成後期にいちだんと人気イベントに発展した箱根駅伝からは、**和田正人**が俳優になった。日大時代、エース区間の9区を二度走った男だ。

とはいえ、青山学院大時代に「山の神」の称号をほしいままにした**神野大地**（現・プロのマラソンランナー）のほうがまだ知名度は上かもしれない。ドラマ『陸王』では竹内涼真と同じ陸上部の選手を演じたが、走る役以外でも常時活躍できるようになれるかが今後のカギである。

✷平成最後の流行語大賞

最後に、まだ記憶に新しい平昌五輪の人気者を見ておこう。特筆したいのが、**カーリング娘**だ。じつは注目されたのはこれが初めてではなく、**平成18年のトリノでも7位入賞**ながら盛り上がった。マリリンこと**本橋麻里**や**小野寺歩**の活躍で、アイドルのモーニング娘。をもじったニックネームがついたのもこのときで、その点では二発目なのだが、彼女たちを見ているといつも一発屋っぽさを感じてしまう。

全国からオールスターを選ぶのではなく、日本一になったチームがそのまま代表になること、そのチームがまた、北海道の北見のような地方小都市の仲良し同士で構成されていたりすること、そして何より、マイナーすぎて4年もすればルールも選手の顔も忘れてしまい、常に新鮮な気持ちで見ることになるからだろう。

実際、五輪のたびに「これでカーリングが日本中に定着するでしょう」とメディアがアナウンスしても、定着する気配はない。まさに、マイナースポーツの王道という感じだ。「氷上のチェス」という異名も、すごいようでどこかマヌケだったり。そんな競技で田舎の女の子たちが懸命に頑張り、でもすぐに忘れ去られてしまうという儚さがじつにツボなのである。

それでも今回はメダルも獲ったし「**そだねー**」や「**もぐもぐタイム**」のようなキャッチーな言葉も生まれた。しかし、カーリングがメジャー化することも、**藤澤五月**が浅田真央のようなスターになることも考えにくい。パシュート娘の高木美帆みたいに、CMで高橋尚子と共演することもなさそうだ。この奥ゆかしさが、一発屋好きとしてはたまらないわけだ。

元号が替わって最初の五輪となる東京でも、一発屋は生まれるだろう。狙い目はもちろん、マイナー競技。いや「今まで生きてきたなかでいちばん幸せです」という岩崎恭子クラスの超メジャーな一発だって、もちろん大歓迎である。

マルモリから老いダンスまで流行歌なき世をおもしろく
『レット・イット・ゴー』May J.、『海の声』浦島太郎

平成後期の章もそろそろ終盤。と、ここまで、歌手系の一発屋がほとんど登場していないことに物足りなさを感じている人もいるのではないだろうか。

じつはこの時期、歌の一発が極端に減ってしまった。一発屋らしい一発屋は**平成22年**の**植村花菜『トイレの神様』**を最後に出ていない気さえする。まるで、東日本大震災（平成23年）の大津波がそういう文化まで押し流してしまったかのように。

その理由はやはり、**誰もが知るヒット曲が生まれにくくなった**ことが大きいのだろう。世代などによって聴く歌がまったく違うという、壁の存在。『紅白』は依然40％前後の高視聴率を維持しているとはいえ、年寄りにとっては**ゴールデンボンバー**も『女々しくて』だけの企画物バンドにすぎないし、若者にすれば**氷川きよし**ですら「ズンドコの人」でしかなかったりする（そういう意味ではどちらも、それぞれにおける一発屋なのかもしれないが……）。

そんななか、**平成30年**には**ジェニーハイ**というバンドがデビューした。川谷絵音や新垣隆が中心の5人組だ。さっそく「ゲス不倫」や「ゴーストライター騒動」クラスの一発ヒットを期待したいところだが、まだ火がつく気配はない。もしかしたら、佐村河内守とベッキーが組んだほうがとんでもないものができあがったりして⁉

また、歌のおにいさんからタレントに転じた**横山だいすけ**はママ人気を追い風に『あたしおかあさんだから』をリリース……しそこなってしまった。動画サイトで披露したところ、絵本作家ののぶみが書いた詞に嫌悪感を示す人が出てきたため、お蔵入りになったのだ。こうしたクレーム炎上がすぐ起きる状況も問題で、現場の創作意欲を萎えさせてしまう。

とまあ、冗談や不満ばかり言っていてもちょっとむなしい。この時期にも、歌の一発屋はいるので、振り返ってみるとしよう。

まず、**平成23年**、この年を代表する一発ヒットが『**マル・マル・モリ・モリ！**』だ。ドラマ『マルモのおきて』から生まれたユニット「**薫と友樹、たまにムック。**」によるポップス童謡で、濱田〝Ｐｅｃｏ〟美和子が手がけた振り付けも話題になった。プロ野球草創期の名選手・松木謙治郎を父に持つ彼女は『崖の上のポニョ』（藤岡藤巻と大橋のぞみ）の振り付けもしており、一発屋と縁がある。

ただ、メインで歌った芦田愛菜と鈴木福は子役史に残る大物で、その後も活躍していく。ここで一発屋扱いしていいのは、鳴き声だけの録音で『紅白』にも出られなかった**犬のムック**だけかもしれない。

その『紅白』には、広告クリエーターの箭内道彦が前年に結成していた4人組・**猪苗代湖ズ**も出演。『I love you & I need you ふくしま』を熱唱したものの、賛否両論だった。震災後に「あどけない幼女の天使的な笑顔の写真」が評判になった話はすでに触れたが、こういうときはやはり、子供のほうが癒しになるのだろう。

続く**平成24年**、この年はとにかく不作だった。年末の賞レースでは、愛媛在住のシンガーソングライター・**レーモンド松屋**が五木ひろしの『夜明けのブルース』で作曲賞（レコ大）に選ばれたり、AKB48の演歌歌手・**岩佐美咲**がロングリクエスト賞（有線大賞）に輝いたりしたが『紅白』でいちばん話題になったのは77歳で初出場して、半世紀前のヒット曲『ヨイトマケの歌』をうたった美輪明宏。そんな年だったのである。

しかし、この年、異世界から一発を狙った男がいた。器械体操のレジェンド・塚原光男だ。体操協会で要職を務めるかたわら「**塚原光男とザ・ムーンサルト**」というおやじバンドもやっていることから、ロンドン五輪に向け、公式応援ソング『強く美しく』を作詞し、KYOKO☆という歌手にうたわせた。

「体操の練習場では勝手に僕がかけてるから、内村航平選手も聴いてますよ」

と、意気軒昂だったが、練習場以外ではほとんど流れなかったのだろう。

「オファーがあれば（五輪後に）テレビとかで歌っちゃおうかな（笑）」

という表彰台（?）も実現しなかった。

ちなみに、彼のバンドには『小さなスナック』で知られるGSのパープル・シャドウズにいた大場吉雄（ドラム）も在籍するなど、なかなか本格的。ボーカルのほか、エレキギターもこなし、愛器は「カワイ・ムーンサルト」だという。彼はかつて河合楽器に所属し、この楽器名も彼の開発した大技・ムーンサルトに由来する。どこまでもムーンサルトな人生ではある。

そんな不作年のあと、**平成25年**は「あまちゃん」ブームの年。「アメ横女学園芸能コース」の大ヒット曲という設定の**『暦の上ではディセンバー』**が話題になり、CD化したベイビーレイズも注目されたが、大ブレイクとまではいかなかった。

その舞台でもある岩手からは、民謡出身の**福田こうへい**が**『南部蝉しぐれ』**をヒットさせ『紅白』にも出場。ただ、その後の『紅白』では『東京五輪音頭』や『王将』を歌っており、懐メロ担当みたいになっている。そう、この時期はもう、歌番組でもCDでも、かつての名曲が再生産されるケースが目立ち始めた。この翌年、ドラマ『昼顔』の主題歌『他人の関係』を一青窈がヒットさせたが、**オリジナルは昭和の一発屋・金井克子**である。

あと、平成25年には異色デュオが誕生。「消臭力」のCMで共演していたポルトガルの少年歌手・ミゲルと日本の少女演歌歌手・さくらまやによる「**MarMee（マーミー）**」だ。さくらは4年前にレコ大の新人賞を史上最年少の11歳で受賞し『紅白』にもゲスト出演したが、演歌低迷の時代とあって認知度はいまいちだった。これでようやく一発当てた印象だ。

次の**平成26年**は「二次元」の年。日本発としては『妖怪ウオッチ』がブームになり、ふたつのグループがブレイクした。ゲームとアニメの主題歌『ゲラゲラポーのうた』を担当した**キング・クリームソーダ**と、アニメのエンディング曲『ようかい体操第一』を歌った**Dream5**だ。ともに『紅白』でも披露。そして、この2組以上に『紅白』が出場を期待したのがディズニーのアニメ映画『アナと雪の女王』関連の歌手たちだった。

なかでも、最大の目玉が日本語版でエルサを演じ、主題歌『レット・イット・ゴー』を劇中でうたった松たか子。何せ、この年最大のヒット曲なのだ。しかし、妊娠という事情もあって出演はかなわず、そのかわり、日本語版アナ役の神田沙也加は引っ張り出すことができた。彼女はオリジナル版のエルサ役、イディナ・メンゼルとのデュエットで『生まれてはじめて』を歌うことになる。

とはいえ、主題歌もほしい。そこで白羽の矢が立ったのが、日本とイラン系とのハーフ歌手、**May J.**だ。ポップスから演歌までなんでもこなす彼女は、エンドロールとともに流れる『レット・イット・ゴー』を歌った、もうひとりの主題歌シンガー。松の登場を望むファンからは残念がる声も聞かれたが、国民的番組への出演で知名度があがり、飛躍の場となった。

なお、この『紅白』ではフォークデュオ・**吉田山田**も出場候補に挙がっていた。老夫婦の愛をしみじみと歌った『日々』が『みんなのうた』で流れ、人気を博していたからだ。あと一歩で届かなかったのは、過去の「泣ける歌」系に比べ、インパクトが不足気味だったということだろうか。

あくる**平成27年**も、アニメ絡みのブームが。スクールアイドルを目指す少女たちの青春群像劇**『ラブライブ!』**の大ヒットで、**声優ユニット「μ's」**も大ブレイクした。振り付けやフォーメーションをアニメそのままにこなす姿が**「2・5次元」の魅力**として脚光を浴び『紅白』出場まで登りつめる。メンバーのひとり、**南條愛乃**が膝の故障で激しいパフォーマンスができなくなり、本番を辞退したことでも話題になった。

また、ドラマ絡みの一発も。**ｃｈａｙ（チャイ）**が歌った『デート〜恋とはどんなものかしら〜』の主題歌『あなたに恋をしてみました』だ。

「第1回で曲が流れたときは、感動して泣いてしまいました。隣にいた母もウルッときていて」

詞も曲も、こんなコメントが似合う素朴で甘酸っぱいレトロなポップス。キュート系の雑誌モデルでもあり、歌番組が多い時代ならさらに人気が出たことだろう。

そして**平成28年**、歴史の節目を感じさせるニュースがあった。**『オリコン』が37年続いた週刊雑誌の発行をやめた**のだ。ネットでの情報発信は続けるものの、数多の一発屋も登場した由緒ある紙メディアの終焉である。

『ラブライブ！』劇場版パンフレット

しかし、変わらないものもある。この年「浦島太郎」という歌手が一発ヒットを飛ばした。俳優・**桐谷健太**がＣＭキャラクターの名義で歌った**『海の声』**だ。平成元年に「牛若丸三郎太」こと**時任三郎**が歌ったＣＭソング**『勇気のしるし』**を思い出す。そういえば、どっちも熱血タイプなところも似ているではないか。

あと、この年終盤には「恋ダンス」も流行したが、明けて平成29年にはダンス系の一発屋が出現。**大阪府立登**

美丘高等学校ダンス部だ。バブルネタの女芸人、**平野ノラ**が復活させた『ダンシング・ヒーロー』（荻野目洋子）に合わせたバブリーダンスなどで、メジャーな歌番組に登場するまでになった。

また、女芸人絡みといえば、**ブルゾンちえみ**が「35億」ネタで使った『ダーティ・ワーク』（オースティン・マホーン）もやたらと耳にした。歌っている本人も嬉しかったようで『紅白』などでコラボ。海外ではそこそこ有名な歌手らしいが、最近の洋楽に興味がない人にとっては、この人も「**ｗｉｔｈ Ｂ（ブリリアン）**」と同じくらい一発屋的なはずだ。

かと思えば、高齢者向け昼ドラとしてヒットした『やすらぎの郷』から『**やすらぎ体操第一**』がひそかなブームに。シャンソン風の曲にのせた「人生百年　年金に頼るな」などの詞は高齢者でなくても胸に刺さった。「シニア版恋ダンス」あるいは「老いダンス」とも呼ばれたこの詞曲振り付けをひとりで手がけた**中村龍史**は、

「ちなみに『やすらぎ体操』は第二もあるんですよ。最後の歌詞は『死ぬまで稼ごう自分の腕で』です（笑）」

平成31年4月からは改元をまたぐかたちで、続編の『やすらぎの刻〜道』が放送予定。そこでの「二発目」も楽しみだ。

とまあ、最後は高齢化社会を反映するような話題となったが……。歌は世につれ世は歌につれというのは、永遠の真理なのだろう。だからこそ、その世を象徴するような「歌の一発屋」にもっと登場してもらいたいものである。

平成とともに去りぬ？ いえいえまだまだ、一発屋最新事情

ひょっこりはん、にゃんこスター、ブリリアン、おばたのお兄さん、濱田祐太郎、GENKING、ショーンK、山田親太朗、羽生ゆずれない

平成終盤の一発屋シーンにおける一大傾向といえば、**一発屋の自己言及**である。**平成27年**には**『第1回一発屋オールスターズ選抜総選挙』**が行なわれ、24組の芸人が参戦。**髭男爵**が1位に輝いた。

「貴族を続けてきて、良かったやないか〜い！ ルネッサーンス！」

とは、**山田ルイ53世**の優勝コメント。その3年後、彼は**『一発屋芸人列伝』**を著し、そのなかでこう書いた。

「昨今の〝一発屋〟の定義は、かつてのように『あの人は今』といったニュアンスではなく〝一発屋という肩書〟で仕事をする人間を指す。要するに、より狭義の意味に変じており、自ら一発屋と呼ばれることを許容した人間しか一発屋を名乗らないし、周囲も一発屋としてイジらない」

個人的には、一発屋というのは「アイドル」同様、自分で名乗るものではなく、人から呼ばれるものだと考えている。すなわち、前口上で紹介したヒロシの定義「世間的にいうと、何かで1コ大きく売れて、そのあとだいたい1、2年でしぼんでいくという人」のままでよいと思うのだが……。もちろん、定義は自由だ。

そして実際「**一発屋という肩書**」で仕事をする人間は増えてきた。それは後続にも影響を与えることになる。どうせ一発屋になるなら、その「肩書」で生き残ることを目指そうという具合に。**サンシャイン池崎**あたりは売れた瞬間から、**小島よしお的な展開**を頭に描いたかもしれず、それはそれで構わないわけだ。

ただ、一発屋の自覚は両刃の剣でもある。これを持ちすぎると、小さくまとまったり、愛しさが損なわれるからだ。人気の浮き沈みも、気持ちの浮き沈みも大きく激しいほうが、一発屋としての魅力につながる。たとえば、**にゃんこスター**が「Ｙ！ｍｏｂｉｌｅ」のＣＭに起用された際、ふたりはこう言った。

「今、隣に桐谷美玲さん、斎藤工さんがいるなんて……ありえない」「（ブレイクした）10月から他人の人生を歩んでいるよう。まるで『君の名は。』状態です」

この無邪気さこそが重要なのだ。浦島太郎のようなことになったとき、一発屋は人生の儚さを知り、それを世間に教えてくれる。しかも、このふたりは恋人同士でもあるから、その関係性しだいでどうなるかわからないというスリルもある。これは父娘コンビの**完熟フレッシュ**にもいえることだ。

その点、注目したいのが**ひょっこりはん**である。その「究極の出オチ」という芸風からして、一発屋になりそうなことは本人もわかっているだろうが、ああ見えて熱い部分もあるようで、ＮＳＣで同期だった**おばたのお兄さん**について、こんな発言をしている。

「おばたも僕も最初はコンビで活動していて、解散したのも同時期なんです。おばたはピンになってすぐに仕事が増えたので、負けていられないなと思いました」

もっと売れたい、二発目を当てたいともがきつつ、最初の一発でしぶとく生き延びる。そんな一発屋もかっこいい。彼には志村けんのこの言葉を贈ろう。「多くの芸人はマンネリまで行く前にいなくなっちゃうから。**自分のやっていることに『飽きるな』ってことだよね**」

一方、おばたは早くも二発目（？）を当てた。フジテレビ・山崎夕貴アナとの結婚だ。小栗旬のものまねに続き、私生活でもぶらさがり戦術を選択したということだろうか。これも才能である。

✹〝いかにも〟な面々

ぶらさがりといえば「ｗｉｔｈ Ｂ」こと「**ブリリアン**」の今後も気になるところ。はたして、ブルゾンちえみにいつまでぶらさがっていられるだろう。

また、**ハリウッドザコシショウ**のように、孤高のわかりにくさで勝負する人もいる。『エンタの神様』のオーディションでは「全然わからない」とハジかれたものの、深夜の『あらびき団』で認められ、平成28年に『Ｒ‐1ぐらんぷり』を獲得した。お笑い界の裾野を広げた奇才といえるだろう。

その2年後『Ｒ‐1』を制したのが「盲人漫談」の**濱田祐太郎**。目が不自由なことを逆手にとった笑いは、差別というものに何かと敏感な今の時代の気分にも合っているのかもしれない。

芸人ではないが、**栗原類**のブレイクも、彼の本質と時代性とが触れ合った結果ではなかろうか。ネガティブイケメンモデルとして引っ張りダコだった頃『笑っていいとも！増刊号』で趣味のタロット占いを行ない、峯岸みなみのスキャンダルを予言した。その後、発達障害であることをカミングアウトした際、こうした障害と異能との親和性について思いを馳せたものだ。

栗原と少し似たスタンスで売れたのが、**GENKING**。性同一性障害であることを告白し、今は戸籍上も女性だ。「やーよ」という口癖もキャッチーだったが、口は災いのもと、という経験もしてしまう。

「平成の美輪明宏になりたい」

という発言が、ほかのオネエたちのひんしゅくを買い、失速するハメに。かつて、**大事MANブラザーズバンド**の**立川俊之**が「ロック界の美空ひばりを目指してる」と発言したことがあったが、一発当てたくらいで大物を目標に挙げるのは控えたほうがよさそうだ。

失速どころか、失墜した人もいて、経歴詐称問題の**ショーンK**。夜の報道番組司会者への就任を棒にふったばかりか、一度は完全に姿を消した。タレントのなかには、怪しいと感じていた人もいたようで、まぁそういうものだろう。自分も昔、三井ゆりを取材した際、彼女の年代に合わせた話題を出してもうまく嚙み合わず、違和感を覚えた。その後、4歳も年齢を低く詐称していたことが発覚。なるほどと思ったものだ。

生き残れそうで、そうでもなかった人もいる。おバカ系かつぶらさがり系の**山田親太朗**だ。山田優について、

「姉は胸大きいですよ。F（カップ）になったって言ってくるんですよ」と、ブラサイズの変化までしゃべってしまうお調子者ぶりがよくなかったのだろうか。たしかに、小栗との夫婦仲まで暴露してしまいそうなキャラではある。

✷意外な生き残りも

国民的人気者が生まれるNHKの朝ドラ組でも、残れる人とそうじゃない人が。『マッサン』で外国人ヒロインとして話題になった**シャーロット・ケイト・フォックス**には「消えた感」もなくはないが、北海ソーラン祭りのパレードなどに呼ばれているらしい。ドラマゆかりの北海道ではまだまだ人気者なのだ。

また、平成30年の『半分、青い。』では、豊川悦司扮する漫画家のお手伝い「ツインズ」を演じた**MIOYAE**が話題に。KINCHOゴンゴンのCMでの**関西弁シンクロダンス**との合わせワザ一発というところだろうか。

面白いなぁと感じる生き残り方をしているのが、作家の**羽田圭介**。ピース又吉との芥川賞同時受賞で、そのタレント性も注目された。今は『ローカル路線バス乗り継ぎの旅』シリーズの二代目レギュラーのひとりだ。相方は**「あるよ」の田中要次**で、一発屋コンビともいえる。新作の表紙をプリントしたTシャツを着て宣伝もしているが、ぜひ本業でも大きな一発を当てたいところだろう。

同じく「センセイ」組では、CMだけの一発屋に終わるかと思いきや、高視聴率タレントにまで登りつめた**林修**がいる。ふなっしーが「林センセイと同期です」とライバル視（?）していて、

平浩二『バス・ストップ』昭和47年のヒットだが、これは10年後、ＣＭソングとなり、再録音されたものだ（ワーナー・パイオニア L-1613）

こちらも大健闘だったが……。テレビ露出に関しては今のところ、林に軍配が上がっている。

そんななか、**昭和の一発屋**が話題になることも。**ヒロシ&キーボー**の**黒沢博**がソフトバンクのＣＭでトリンドル玲奈と『３年目の浮気』をデュエットして、

「あの曲があったから、30年後でもこうして取材にも来てもらえるしね。僕にとっては、宝。今をときめくトリンドルとも共演できたし」

と、鼻の下をのばしていたのは微笑ましかった。

逆に『**バスストップ**』の**平浩二**はシングルのカップリング曲にパクリ疑惑が浮上。「ミスチル歌詞と90％一致でＣＤ回収」（週刊女性）という事態になってしまう。ただし、本人が知らないところで作詞家もしくはその弟子がやらかした（？）ことのようだ。**こういう脇の甘さというか、ゆるさもまた、昭和の一発屋の味かも**しれない。

昭和の味といえば、**平成30年**、桑名正博の息子を名乗る男が現れ、ワイドショーネタになった。桑名が生前、女性関係にも奔放だったことが「隠し子」の信憑性を増したともいえるが、おかげでテレビに呼ばれたのが**美勇士**だ。「桑名正博『ニセ息子騒動』のおかげで『本当の息子がブレイク』必至!?」（ＡＳＡＧＥＩｐｌｕｓ）などと注目されることに。幼稚園で一緒だった宇多田ヒカルが大ブレイクした直後、母のアン・ルイスが「ちょっと焦ったみたいよ」と発言していたことを思い出す。今思えば、キラキラネームの先駆けでもある。

同じ頃、スキャンダルの準主役になったのが、羽生結弦のものまね芸人・**羽生ゆずれないだ**。『週刊文春』に「フィギュア小塚崇彦『羽生芸人』と女性ホテル連れ込み」という記事が掲載された。当日は「くまのプーさん」のキーホルダーを身につけていたとあり、この寄せ方もなかなかいい。国民栄誉賞に輝く本家に対し「悪い羽生」とも呼ばれているこの人。かえってキャラが立ち、今後はもっとブレイク……というのはさすがにないか。

平成ではほかに、**タマちゃん**や**風太くん**といった動物系、**省エネルック**や**スピード水着**といった無機物系も懐かしい。とはいえ、そろそろ紙数が尽きそうだ。

最後は駆け足になってしまったが、いつの世もやはり一発屋はおもしろい。それは「をかし」と「あはれ」とが混在する絶妙な魅力である。平成の次の時代も、魅力的な一発屋が登場することを心待ちにするとしよう。

宝泉薫（ほうせん・かおる）
1964年生まれ、岩手県在住、著述業。本書が第4弾となる一発屋シリーズのほか、近著に『文春ムック　あのアイドルがなぜヌードに』などがある。ツイッターアカウントは、@fuji507。

装丁………山田英春
イラスト………工藤六助
DTP制作………REN
編集協力………田中はるか

平成「一発屋」見聞録

発行日❖2019年1月31日　初版第1刷

編著者
宝泉薫

発行者
杉山尚次

発行所
株式会社言視舎
東京都千代田区富士見2-2-2　〒102-0071
電話03-3234-5997　FAX 03-3234-5957
https://www.s-pn.jp/

印刷・製本
中央精版印刷（株）

ISBN978-4-86565-137-9 C0095

言視舎刊行の関連書

978-4-905369-08-0

こころを支える「東北」の言葉
“がんばろう”を超えるよりどころ

東北とともに生きる本！東北出身者のこころに響く名言、今回の大震災・原発事故に対する鋭い見解、これまでの震災や大事故についての叡智をあつめ、味読していきます。安易な励ましや癒しではない言葉の力を堪能してください。

宝泉薫 編　四六判並製 本体 952 円＋税

978-4-86565-129-4（本編）／
978-4-86565-132-4（後半戦）

大コラム 平成思潮
本編／後半戦

読んで楽しい同時代史！平成の３０年の核心を鋭角的にえぐる。社会主義の自壊、バブル崩壊、高度消費社会・情報化社会への離陸、世界金融危機、２つの大災害、原発事故、政権交代と政治の迷走、日本というシステムの動揺など。

鷲田小彌太 著　四六判並製　本体 2000 円＋税／後半戦　本体 2400 円＋税

978-4-86565-115-7

あの頃、この歌、甦る最強伝説
歌謡曲 vs フォーク＆ニューミュージック「昭和」の激闘

破壊と創造の 60 年代、新しい社会への過渡期 70 年代、バブルの 80 年代と昭和の終わりまで、「時代と歌」の密接な関係をこまかく解説。歌とともによみがえる「あの頃」。フォーク＆ニューミュージックＶＳ歌謡曲という著者ならではの視点から、歌の流れを再構成。

富澤一誠 著　Ａ５判並製　本体 1700 円＋税